Hans-Dieter Bunk
ABC-Projekte

Lehrer-Bücherei: Grundschule

Herausgegeben von
Horst Bartnitzky und Reinhold Christiani

Hans-Dieter Bunk

ABC-Projekte

•

Mit allen Sinnen

•

In allen Fächern

•

Beispiele für die Klassen 1 bis 4

Gedruckt auf chlorfrei gebleichtem Papier
ohne Dioxinbelastung der Gewässer.

Die Deutsche Bibliothek – CIP-Einheitsaufnahme

Hans-Dieter Bunk:
ABC-Projekte : mit allen Sinnen ; in allen Fächern ;
Beispiele für die Klassen 1 – 4 / Hans-Dieter Bunk. –
Frankfurt am Main: Cornelsen Scriptor 1995
  (Lehrer-Bücherei: Grundschule)
  ISBN 3-589-05035-7

5.	4.	3.	2.	1.	Die letzten Ziffern bezeichnen
99	98	97	96	95	Zahl und Jahr des Drucks.

© 1995 Cornelsen Verlag Scriptor GmbH & Co., Frankfurt am Main
Das Werk und seine Teile sind urheberrechtlich geschützt. Jede Verwertung in
anderen als den gesetzlich zugelassenen Fällen bedarf deshalb der vorherigen
schriftlichen Einwilligung des Verlags.
Umschlagentwurf: Studio Lochmann, Frankfurt am Main
Satz: FROMM Verlagsservice GmbH, Idstein
Druck und Bindung: Clausen & Bosse, Leck
Vertrieb: Cornelsen Verlag, Berlin
Printed in Germany
ISBN 3-589-05035-7
Bestellnummer 050357

Inhaltsverzeichnis

1. **Vom Bildsymbol zum Alphabet** 8

2. **Das ABC in Schule und Unterricht** 13
   Geschichtliche Aspekte 13
   Methodische Möglichkeiten 16
      Unser Buchstabenfest
      Unser ABC-Spiele-Fest
      Unser ABC-Buch
      Unsere Schule soll schöner werden
      Unser Schulfest
      Projekttage
      ABC-Arbeitsgemeinschaft

3. **Sprachliche ABC** 22
   Buchstaben-ABC 22
      Gefüllte Buchstaben
      Buchstabenreihe
      Buchstabieren
      Klang der Buchstaben
      Geheimschriften
      Alte Schriften
      Fremde Schriftzeichen
   Wörter-ABC 28
      Märchen-ABC
      Schimpfwörter-ABC
      Unsinn-ABC
      Sach-ABC
      ABC und Wörterbuch
   ABC-Sätze 33
      Schnellsprechverse
      Kalter Kaffee
   ABC-Reime 35
      Vorgefundene Reime
      Eigene Reime
   ABC-Geschichten 39
   ABC-Bücher 41

4. Spielerische ABC 44
   Buchstabenspiele mit Material 44
      Setzleisten-Scrabble
      Kim-Spiel
      Buchstaben-Bingo
      Wörterbildungsspiel
      Anlautspiel
      Streichholz-Wörter
      Zeitungswörter
   Schreibspiele zum ABC 48
      Odd-man-out
      Anagramme
      Buchstabensalat
      Versteckte Wörter
      Vokalspiele
      Telegramm
      Namen-Gitter
      Verzaubern
      Buchstaben-Quadrat
      Buchstabentreppe
      Unter der Dusche
      Stadt, Land, Fluß
      Gefüllte Kalbsbrust
   Buchstabenspiele ohne Material 54
      Buchstabenfolge
      Ich sehe was,...
      Abkürzungen
      Kalter Kaffee
      Kofferpacken
      Buchstaben- und Wörterkette
   Rätsel 56
      Suchrätsel
      Scharade
      Wörterkisten
      Scherzfragen
      Der Kaiser von China

5. Gestaltungen und Aktionen zum ABC 59
   ABC aus Papier und Farbe 59
      Fensterbilder

    Spritzbilder
    Muster-ABC
    ABC-Figuren
    Buchstaben verändern
    Initialen
    ABC-Collage
ABC aus Pappe 65
    ABC-Mobile
    ABC-Puzzle
    ABC-Memory
    ABC-Domino
    ABC-Quartett
ABC aus verschiedenen Werkstoffen 68
    Textile ABC
    ABC aus Styropor
    ABC aus Holz
    Gegenstand-Laut-Kombinationen
    ABC aus weiteren Materialien
ABC für viele Sinne 77
    Eßbare Buchstaben
    Tastbuchstaben
    Haut-ABC
    Körperbuchstaben
    Hören und Riechen
    Tanzen und Singen

6. Nichtschriftliche Alphabete 86
    Morse-Alphabet 86
    Blindenschrift 87
    Fingersprache 88
    Fahnen-ABC 89

7. Literatur 91

1. Vom Bildsymbol zum Alphabet

Festhalten von Fakten, Erinnerungen, Erlebnissen, Gedanken, sowie Weitergabe von Informationen, Meinungen, Regelungen und vieles andere wird durch Schrift leichter, dauerhafter und oft erst möglich. Und genau diese Ziele und Wünsche führten wohl zum Entstehen der Schrift und dann zur Entwicklung des Alphabets.

Bilder, die mit Sticheln in Wände geritzt oder mit Farben aufgetragen wurden, waren mehrere tausend Jahre wohl die einzige Sprache, die Geschichten und Geschichte dauerhaft und zuverlässig tradierten. Im Laufe der Zeit wurden die Bilder immer mehr stilisiert; aus Bildern wurden Piktogramme, Symbole, die rascher zu zeichnen und zu lesen waren. Dieser Ursprung aus Bildzeichen ist bei den heute noch gebräuchlichen Schriften bei aller Entwicklung am deutlichsten noch in der chinesischen Schrift zu erkennen, während fast alle anderen aus weit abstrakteren Lautzeichen bestehen.

Vor fast 4000 Jahren entstand etwa im heutigen Irak bei den Sumerern eine Symbolschrift, die mit dreieckigen Hölzern in feuchten Ton gedrückt wurde und nach ihrem Aussehen heute Keilschrift genannt wird.

Bezeichnenderweise beziehen sich viele Funde von Schrifttäfelchen auf wirtschaftliche Zusammenhänge, sind Belege über die Verwaltung, über landwirtschaftliche Bestände, über Einnahmen und Ausgaben. Schrift hatte also einen deutlichen Zweckcharakter.

Durch die Jahrhunderte entwickelte sich die Schrift so, daß die Zeichen nicht mehr nur für Konkreta standen, sondern sich auf die Lautwerte der gesprochenen Worte bezogen. Dies geschah in etwa nach dem Rebusprinzip, z. B. als ob wir eine Uhr zeichneten und dabei den Klang „ur" meinten, egal ob in Uhrzeit, Urlaub oder Kur. Durch diesen Schritt zur Phonetik reduzierten sich die fast 200 verschiedenen Zeichen auf etwa ein Drittel.

Schließlich war die Phonetisierung so weit fortgeschritten, daß die Schriftzeichen der Keilschrift auch für die Sprachen anderer Völker in der heutigen Türkei und im heutigen Iran angewendet wurden. Bis zur Zeit um 500 v. Chr. gibt es zahlreiche Tontafeln in Keilschrift als Zeugen für Briefwechsel, Mythen und sogar Lieder.

Während dieser ganzen Zeit schrieb man in Ägypten die Hieroglyphen, ein kompliziertes Zeichensystem, mit dem man Konkretes, aber auch Gedanken wiedergeben konnte. Der Sinn ergab sich aus der Kombination verschiedener Zeichenarten, die teils als Piktogramme für einen konkreten oder abstrakten Begriff standen. Teils waren es Phonogramme, die für Laute standen, und teils waren es Zeichen, die jeweils bestimmten, um welche Dinge oder Lebewesen es ging. Die in Stein gemeißelten oder auf Papyrus gemalten heiligen Zeichen (Hieroglyphen) wurden etwa noch 400 Jahre nach der Zeitenwende verwendet. Dies ist erstaunlich, wenn man bedenkt, welche Mühe das Schreiben und vor allem das Lernen und auch das Lesen der mehrere hundert Schriftzeichen machen mußte. Allerdings wirkt die Anzahl der Hieroglyphen im Vergleich zu den etwa 50 000 chinesischen Schriftzeichen noch übersichtlich, und im Laufe der Zeit hat sich auch eine etwas leichter zu schreibende Kurrentschrift, die hieratische Schrift, entwickelt.

Unter solchen Prämissen war Schrift immer Geheimwissen einer Elite und ein Herrschaftsinstrument. Erst die Entwicklung eines alphabetischen Systems, also einer überschaubaren Menge von Zeichen für Laute, eröffnete die Möglichkeit einer systematischen Erlernbarkeit und weiten Verbreitung.

Der Kern zu einer alphabetischen Schrift entwickelte sich etwa 1000 v. Chr. im östlichen Mittelmeer. Die Phönizier, die in Palästina und im heutigen Mittelmeer siedelten und in alle Himmelsrichtungen Handel trieben, orientierten sich an den Vorteilen der ihnen bekannten Schriften und schufen eine reine, leicht zu schreibende Lautschrift mit 22 deutlich unterscheidbaren Zeichen, wobei ein Zeichen jeweils für einen Laut stand. Aus dieser Schrift leitete sich zum einen die aramäische Schrift ab (die Schrift zur Sprache Jesu), die sich über Persien bis nach Indien auswirkte, ferner die hebräische Schrift und zum dritten schließlich, und zwar erst kurz vor der Zeitenwende, die arabische Schrift. Die Verwandtschaft dieser Schriften ist auch heute noch feststellbar. Allen Schriften des Orients, die sich aus der phönizischen „Stammschrift" entwickelten, ist gemein, daß sie zunächst nur Zeichen für Konsonanten hatten, weil ihre Sprache auch vokalarm ist. Ferner wurden sie von links nach rechts geschrieben. Bereits bei den Phöniziern ist eine festgelegte Reihenfolge der Buchstaben entstanden, mit den semitischen Bezeichnungen alef (Rind), beth (Haus), gimel (Kamel).

Die Griechen, die intensive Handelsbeziehungen zu den Phöniziern unterhielten, adaptierten im Laufe des 9.–7. Jahrhunderts v. Chr. das phönizische alphabetische Schriftzeichensystem. Sie bekannten sich offen zu dieser Schriftverwandtschaft, denn sie nannten ihre Schrift „die phönizischen Zeichen". Sie beließen es weitgehend bei der Reihenfolge des phönizischen Alphabets. Dies zeigt die auch heute noch gültige Benen-

Entwicklung der Buchstabenschrift im Vergleich

Phönikisch		**Griechisch** (Klassisch)			**Lateinisch** (Klassisch)
Buchstabe	Lautwert	Buchstabe	Lautwert	Name	
𐤀	‘	Α	a	alpha	A
𐤁	b	Β	b	beta	B
𐤂	g	Γ	g	gamma	C
𐤃	d	Δ	d	delta	D
𐤄	h	Ε	e	epsilon	E
𐤅	w	Ϝ	(6)	vau	F
𐤆	z	Ζ	z	zeta	(G)
𐤇	h	Η	ä	eta	H
𐤈	th	Θ	th	theta	
𐤉	j	Ι	i	iota	I
𐤊	k	Κ	k	kappa	K
𐤋	l	Λ	l	lambda	L
𐤌	m	Μ	m	my	M
𐤍	n	Ν	n	ny	N
𐤎	s	Ξ	x	xi	
𐤏	’	Ο	o	omikron	O
𐤐	p	Π	p	pi	P
𐤑	s				
𐤒	q	Ϙ	(90)	koppa	Q
𐤓	r	Ρ	r	rho	R
𐤔	sch	Σ	s	sigma	S
𐤕	t	Τ	t	tau	T
		Υ	ü	ypsilon	V
		Φ	ph	phi	
		Χ	ch	chi	X
		Ψ	ps	ps	
		Ω	o	omega	

nung der Buchstaben. Der Anfangslaut der Buchstabennamen vertrat den Lautwert (alpha steht für /a/, beta für /b/, gamma für /g/ usw.), genau wie es im phönizischen Alphabet mit anderen Wörtern der Fall war. Während dort die Buchstabennamen jedoch Konkreta meinten (Rind, Haus…) und ähnlich wie heutige Anlauttabellen zu verstehen waren, standen die griechischen Namen nicht stellvertretend für Konkreta, sondern nur für den Lautwert.

Da die griechische Sprache im Gegensatz zur semitischen jedoch eine Fülle von Vokalen enthält, hat man einige der 22 phönizischen Zeichen, die nicht gebraucht wurden, für vokalische Laute verwendet. Später wurden auch noch einige hinzugefügt, so daß etwa seit dem 4. Jahrhundert v. Chr. das klassische griechische Alphabet aus 24 Zeichen besteht. Die Großbuchstaben wurden besonders für Steinmetzarbeiten benutzt, während für das schnellere Schreiben auf Papyrus oder Wachstafeln bald Kleinbuchstaben entstanden. Diese Minuskeln wurden in der Folge zur Gelehrtenschrift, der sich Dichter, Philosophen und Mathematiker bedienten.

In zwei Richtungen gab die griechische Schrift Impulse: Sehr spät, nämlich erst im 9. Jahrhundert n. Chr., entwickelte sich aus ihr die kyrillische Schrift, in der bis heute einige slawische Sprachen geschrieben werden (z. B. Russisch, Bulgarisch, Serbisch). Viel früher, nämlich ungefähr im 7. Jahrhundert v. Chr., entwickelte sich aus dem griechischen Alphabet, mit einem Umweg über die Etrusker, bei den Römern in Latium das lateinische Alphabet, das heute die am weitesten verbreitete Schriftform der Welt ist. Dabei wurden aus dem griechischen Alphabet einige Zeichen unverändert übernommen, wie A, B, E, I, K, M, N, O, X, Y, Z. Andere wurden umgewandelt und einige auch nicht gebraucht, sodaß das lateinische Alphabet zunächst 21 Buchstaben umfaßte. Wie die Griechen entwickelten die Römer für unterschiedliche Materialien verschiedene Schriften: Für Stein verwendeten sie Großbuchstaben, diese Capitalis monumentalis wird auch heute noch oft für die Inschriften von Denkmälern gewählt. Auf Papyrus oder Wachstäfelchen schrieben die Römer mit Kleinbuchstaben.

Nach der Zeitenwende wurden verschiedene lateinische Schriften entwickelt, wie die etwa zwei Zentimeter große Unziale und die etwas rundere Rustica. Vor allem irische Mönche schrieben eine eigenständige Variante, und im ganzen Mittelalter schrieb man in Mitteleuropa Formen der karolingischen Minuskel. In dieser Zeit vervollständigte sich auch das Alphabet um die Buchstaben U, W, J auf 26 Zeichen.

Gutenberg wählte noch eine Schrift, die den damaligen gotischen Handschriften ähnelte, die sich aus den karolingischen entwickelt hatten. Doch bald nach der Erfindung des Buchdrucks strebte man ein klares, überschaubares Schriftbild an. Dabei entstand die sogenannte humanistische Antiqua, die sich in verschiedenen Spielarten bis heute als wichtigste Schrift von Druckerzeugnissen erhalten hat.

2. Das ABC in Schule und Unterricht

Geschichtliche Aspekte

Schreiben und Lesen war in unserem Raum bis ins hohe Mittelalter das Recht einer professionellen und priviligierten Minderheit, zumal sich die meisten Texte auf juristische, administrative und theologische Inhalte bezogen und dazu in Latein verfaßt waren.

Auch nachdem seit etwa dem 15. Jahrhundert die ersten deutschen Schulen öffneten, wurde die tradierte Methodik der Lateinschulen beibehalten, die mit einem rigiden Alphabetikkurs begannen. Zuerst wurde der Name (nomen: be) des Buchstabens gelernt, dann seine grafische Form (figura: **b**) und schließlich sein Lautwert (potestas: /b/). Nach diesem Buchstabierkurs folgte ein Silbenkurs, d. h., die Vokale und Konsonanten wurden in allen möglichen sprechbaren Kombinationen vorgestellt und im Chor nachgesprochen.

Die ersten Fibeln enthielten dementsprechend seitenweise isolierte und daher sinnlose Silben: ab, ad, af, ag, usw. Danach folgten meist religiöse Texte, Gebete und Psalmen, auch diese in syllabierter Form, vor allem das Va= ter un= ser…

Es gab auch einige Varianten dieser Buchstabiermethode. So wurden z. B. nicht alle Buchstaben nach dem Alphabet, sondern zuerst nur die Vokale eingeführt. Wie dies geschehen sollte, beschrieb 1800 Johann Paul Pöhlmann.

Lehrer: Was habe ich hier mit der Kreide an die Tafel gemacht?
Kind: Einen Strich.
L: Was habe ich jetzt über den Strich gemacht?
Kind: Einen Tupfen.
L: Man nennt das Zeichen einen Punct. Was habe ich über den Strich gemacht?
K: Einen Punct.
L: Wer kann mit verschlossenen Augen sagen, was ich an die Tafel gemacht habe?
K: Einen Strich und oben einen Punct.
L: Der Strich mit diesem Punct hat einen Namen. Wißt ihr, wie er heißt?
K: -
L: Er heißt i. Wie heißt der Strich da, mit dem Puncte oben auf?

K: i. (In dieser Weise werden nacheinander die übrigen Vokale eingeführt.)

Weitere Varianten zum mechanischen Buchstabieren bestanden darin, daß nicht nur synthetisiert wurde, sondern vorgegebene Wörter analysierend buchstabiert wurden. Ferner gab es bereits Syllabierspiele aus Wortkarten oder Würfeln. Wenn auch bekannte Pädagogen wie Basedow, Weise und Pestalozzi die Buchstabiermethode anwendeten, so geriet sie wegen ihres Formalismus immer mehr in die Kritik und wurde schließlich in Preußen 1872 sogar verboten.

Bereits vor über 400 Jahren hatte sich Valentin Ickelsamer gegen die Buchstabiermethode gewandt und als erster die Lautiermethode befürwortet, bei der nicht der Name des Schriftzeichens gelehrt wurde, sondern sein Lautwert. So schreibt er z. B. bei der Bildung der Selbstlaute:

„Das u ist ein laut, gemacht mit spitzigen leffzen und zusammen gezogen mund. Dieser laut klingt und erschallet im Juh schreien der frölichen jungen gesellen."

Und zu Konsonanten sagt er:

„Das h ist ein scharpffer atem, wie man in die hende haucht", und: „Das m hat ein brummende stimm, wie die Küe, Bern, oder die Stummen, so man bede leffzen auff einander truckt, und brummet."

Ickelsamer geht auch beim Lesenlernen von der alphabetischen Reihenfolge ab und gruppiert die Laute nach Schwierigkeiten und sprachlichen Zusammenhängen. Auch weicht er vom Lernen der sinnlosen Elemente oder Silben ab und geht eher analytisch vor, indem er die Laute aus einem Wortganzen gewinnt.

In der Folgezeit entwickelten sich mehrere Varianten der Lautiermethode, z. B. die Anlautmethode mit Bildern zu den betreffenden Buchstaben und Lauten oder die interessante Vokalisationsmethode, die Richard Lange 1907 beschrieb. Er hat darauf hingewiesen, daß der jeweilige Vokal auf die Mundstellung bei der Bildung des vorausgehenden Konsonanten einen wesentlichen Einfluß ausübt und den Klang ändert. Er betonte deshalb, daß es nicht damit getan sei, zwei Laute schnell hintereinander auszusprechen, sondern daß eine Reihe von Gleitlauten beim Verschmelzen der Konsonanten und Vokale entstehen. Demnach gab er den Vokalen eigene Namen, z. B. b = Blaser, f = Feger, l = Laller. Für die Verschmelzung von Konsonant und Vokal hieß es dann z. B. beim Wort „Hase": „Hauch das a! Summ das e!"

Kombiniert wurden die verschiedenen Leseansätze jeweils mit einem synthetischen, analytischen oder synthetisch-analytischen Vorgehen. Früh

wurde auch der Wert des parallelen Lernens von Schreiben und Lesen betont. So schrieb der Ganzwortdidaktiker Christian Trapp bereits um 1800: „Ich würde daher das Schreibenlernen gleich von Anfang an mit dem Lesenlernen verbinden. Es scheint mir in mancher Hinsicht vorteilhaft, dies zu tun. Kinder, sowie Menschen überhaupt, mögen selbst gern etwas machen und gemacht haben. Man gönne ihnen also das Vergnügen, die Buchstaben und Silben, die man ihnen zeigt, gleich mit Kreide, Rötel oder Bleistift nachmalen zu dürfen. Sie werden zehnmal so geschwind die Buchstaben, das Lesen und das orthographische Schreiben lernen."

Das Problem der jeweiligen Lese- und Schreibschrift wurde mit allen Varianten auch bereits im 19. Jahrhundert diskutiert, und zwar mit allen möglichen Lösungen. So gab es Lese-Schreib-Lehrgänge, bei denen entweder die deutsche oder die lateinische Schreibschrift auch die Leseschrift war. Und es gab auch Lehrgänge, bei denen damals schon die Antiquadruckschrift auch die erste Schreibschrift war. Ebenso begann man mit Kleinbuchstaben, mit gemischtem Alphabet oder mit Großbuchstaben. Ferner gab es auch sehr früh schon verschiedene Hilfsmittel wie Anlautbilder, Buchstabenkärtchen, Wand- und Handfibeln. Immer wieder setzte über das effektivste, sinnvollste und kindgemäßeste erste Lesen ein Methodenstreit ein. Bis heute hat er zu keiner endgültigen Lösung geführt, weil es bei unterschiedlicher Gewichtung für und gegen jedes Verfahren Argumente gibt. Nichts Neues unter der Sonne, zumindest für die Erstlesedidaktik und -methodik gilt dies, denn in den letzten 200 Jahren ist alles schon mindestens einmal dagewesen.

Methodische Möglichkeiten

Gemeinhin wird das erste Schuljahr als eigentlicher Arbeitsbereich zum Alphabet angesehen. Hier lernen die Kinder die Buchstaben kennen, erfahren ihre Bedeutung, können bald lesend und schreibend damit umgehen, erweitern dabei die eigenen Möglichkeiten und können sich umfassender artikulieren. Jeder neue Buchstabe kann begriffen, begrüßt und gefeiert werden.

Aber auch in den weiteren Klassen gibt es Möglichkeiten, das Alphabet in den Interessenshorizont der Kinder zu rücken. Dies kann sich aus sachlichen Notwendigkeiten ergeben, z. B. beim Umgang mit dem Wörterbuch oder einer Wörterkartei, manchmal auch aus formalen Gründen, denn das ABC kann immer eine inhaltliche Klammer sein, die Einzelheiten zusammenhält, ein Kern, der im Grunde immer aktuell ist, um den sich viele Aspekte und Handlungsmöglichkeiten drehen können. Neben thematisch ganz auf das ABC zielenden unterrichtlichen Einheiten gibt es immer wieder Möglichkeiten, ein anderes Thema um den ABC-Aspekt zu erweitern. Innerhalb sachunterrichtlicher Einheiten können die Kinder ABCs, eventuell in Glossarform zu Haustieren („Mein Haustier-ABC"), zu Blumen, zum Frühling, zum Heimatort usw. erstellen. In einer Einheit zum Thema „Andere Länder" oder im Bereich der Begegnungssprache kann der Aspekt der verschiedenen Schriften, der unterschiedlichen Benennung und Aussprache von Buchstaben angesprochen werden.

Das ABC ist kein Inhaltsfeld, das in erster Linie rezeptiv und reflektierend bearbeitet werden muß und sollte. Es bietet ein breites Potential des Lernens mit allen Sinnen und vor allem eine Fülle von Handlungsmöglichkeiten.

Solch handlungsorientierter Umgang mit dem ABC soll hier als Beispiel für verschiedene Anlässe und Klassenstufen skizziert werden. Materialien dazu finden sich in den folgenden Kapiteln. Die meisten Anregungen eignen sich zu einer Einbindung in handlungsorientierte Unterrichtseinheiten, Projekte oder ähnliche schulische Arrangements. Dabei sollte der

Projektbegriff nicht allzu eng und puristisch gesehen werden, denn dann ist er im Grundschulbereich fast nie anwendbar.

Es geht beim projektorientierten Unterricht darum, daß Lehrerin, Schüler und Schülerinnen, ausgehend von einer Frage- oder Aufgabenstellung aus der Lebenswirklichkeit, sich ein gemeinsames Ziel setzen und in planvoll handelnder Auseinandersetzung zu einem konkreten Ergebnis kommen. Dabei wird projektorientierter Unterricht durch folgende Merkmale mehr oder weniger stark geprägt:

- Der Bezug zu den Bedürfnissen und Interessen der Schülerinnen wird deutlich.
- Es geht um eine Wechselbeziehung von Handeln und Reflexion.
- Die Orientierung an der Lebenswirklichkeit sorgt für ein fächerübergreifendes Lernen mit vielen Sinnen.
- Bei projektorientiertem Arbeiten wird das Prozeßlernen ähnlich wichtig eingeschätzt wie die entstandenen Produkte.

Unser Buchstabenfest

Im ersten Schuljahr könnte mehrmals im Jahr ein Buchstabenfest gefeiert werden, zur eigenen Belohnung für die bisherigen Anstrengungen im Lese- und Schreibprozeß sowie zur Darstellung der eigenen Fortschritte. Zum Buchstabenfest werden andere Kinder oder die Eltern eingeladen. Buchstaben stehen natürlich im Mittelpunkt des Festes, als Raum- und Tischdekoration. Auch bei der Bewirtung spielen Buchstaben eine Rolle, z. B. als Gebäck oder als A-Z-Saft (Apfelsaft mit Zitrone). Ferner können ABC-Lieder gesungen, Gedichte vorgetragen und Spiele zum ABC gemacht werden.

Unser ABC-Spiele-Fest

Im zweiten Schuljahr könnte im Rückblick auf den Schreib-Leselernprozeß ein ABC-Spieltag geplant und durchgeführt werden, zu dem auch Gäste eingeladen werden. Dabei können die selbst hergestellten ABC-Dominos, Quartette oder Memorys vorgestellt und in Gebrauch genommen werden. ABC-Rätsel, Schreib- und Suchspiele werden angeboten, z. B. Kofferpacken, Scrabble-Varianten, Kalter Kaffee, Unter der Dusche usw. (s. Kap. 4). Für den Sieger oder für gewonnene Punkte gibt es einen selbstgebackenen Buchstaben oder einen aus der Russisch-Brot-Tüte.

Unser ABC-Buch

Schüler einer dritten Klasse oder auch mehrerer Klassen können sich zum Ziel setzen, ein ABC-Buch herzustellen. In den Klassen beginnen Schreibprojekte verschiedenster Art, die evtl. von der Orientierung über vorliegende ABC-Bücher oder Texte ausgehen. Die Kinder schreiben dann selbst Geschichten, ABCs, Gedichte, Zweizeiler usw. In Schreibkonferenzen überarbeiten sie ihre Texte, schreiben sie dann in schönster Leseschrift auf oder tippen sie auf der Schreibmaschine oder am Computer. Dazu werden Illustrationen gesetzt, die auch mit dem ABC zu tun haben, z. B. Initialen, ABC-Figuren usw. (s. Kap. 5).

Die verabschiedeten Seiten werden zusammengestellt, vervielfältigt und hinter einem Titelblatt geheftet. Die Originale werden anderen in einer Lesung präsentiert und dann als Ausstellung ausgehängt.

Unsere Schule soll schöner werden

Unter dem Gesichtspunkt, der Schule zwar ein buntes, vielseitiges, aber doch auch einheitliches Gesicht zu geben, kann man die Schuldekoration an Fenstern, Wänden und Fluren unter ein gemeinsames Thema stellen. Dies kann z. B. jahreszeitlich gefärbt sein (Weihnachten, Frühling ...) oder auch von einer gesellschaftlichen Idee durchzogen sein (Frieden, Zusammenleben mit Ausländern ...). Ein Thema, das fast jederzeit aktuell ist

und viele verschiedene Arbeitstechniken und Ausformungen zuläßt, ist das Alphabet. Die Gestaltungsmöglichkeiten reichen von Fensterbildern über Mobiles, Collagen, Spritzbildern, ABC-Figuren, textilen Wandbehängen bis zu Holzbearbeitungen und keramischen Arbeiten. Nicht nur ästhetische Fragestellungen werden dabei angesprochen, sondern auch sachunterrichtliche, wenn Fragen nach sachgerechtem Arbeiten, dem Material- und Werkzeuggebrauch aufgeworfen werden.

Unser Schulfest

Zirkus, Weltraum, Gemeinsamkeit, Märchen: ein Schulfest sollte ein Motto haben. Dies könnte auch lauten „Wohin ich seh': ABC", denn unter dieses Thema lassen sich viele verschiedene Aktivitäten stellen. Lieder zum ABC und eine Vorführung eröffnen den Tag, alle Attraktionen sind nach Buchstaben geordnet. In Tastkisten müssen Buchstaben ertastet werden, im Riechmuseum werden Düfte erraten, Buchstabenspuren müssen mit Bällen nachgerollt oder mit Rollbrettern nachgefahren werden. Nägel werden zu einer Buchstabenform eingeschlagen, an einem Stand werden Buchstaben an Fäden hochgezogen. Wenn Kinder und Eltern für das Thema aufgeschlossen und an der Planung und Ausführung beteiligt werden, entsteht eine kunterbunte Fülle von Ideen und Angeboten.

Projekttage

Die Breite der thematischen Aspekte, vor allem auch die vielfältigen Handlungsmöglichkeiten bieten an, auch Projekttage zum Alphabet zu planen und durchzuführen, z. B. unter dem Motto „Rund ums ABC". Dieses umfassende Thema ermöglicht für Kinder aller Altersstufen interessante, spaßbetonte Aktivitäten, für die sich Anstrengungen lohnen.
Dabei ergibt sich folgender Ablauf:
In den Klassen werden zunächst die Interessen der Kinder ermittelt und gesammelt. Die Eltern werden darüber informiert und steuern ihre Ideen und Angebote bei. Die Lehrerkonferenz stellt mögliche Angebote für Arbeitsgruppen zusammen und informiert die Kinder über die Inhalte, Arbeitsformen und den Wahlmodus für die Gruppen. Die Kinder geben ihr Votum für zwei oder drei Wunschgruppen ab, so daß Gruppen mit etwa gleich vielen Teilnehmern zusammengestellt werden können. Die Gruppen erarbeiten innerhalb der vereinbarten Tage ein konkretes Ergebnis und stellen dieses am Abschlußtag der (Schul-)Öffentlichkeit vor, die dazu eingeladen ist. Diese Präsentation bekommt durch Bewirtung, Musik und Ausstattung den Charakter eines Festes.

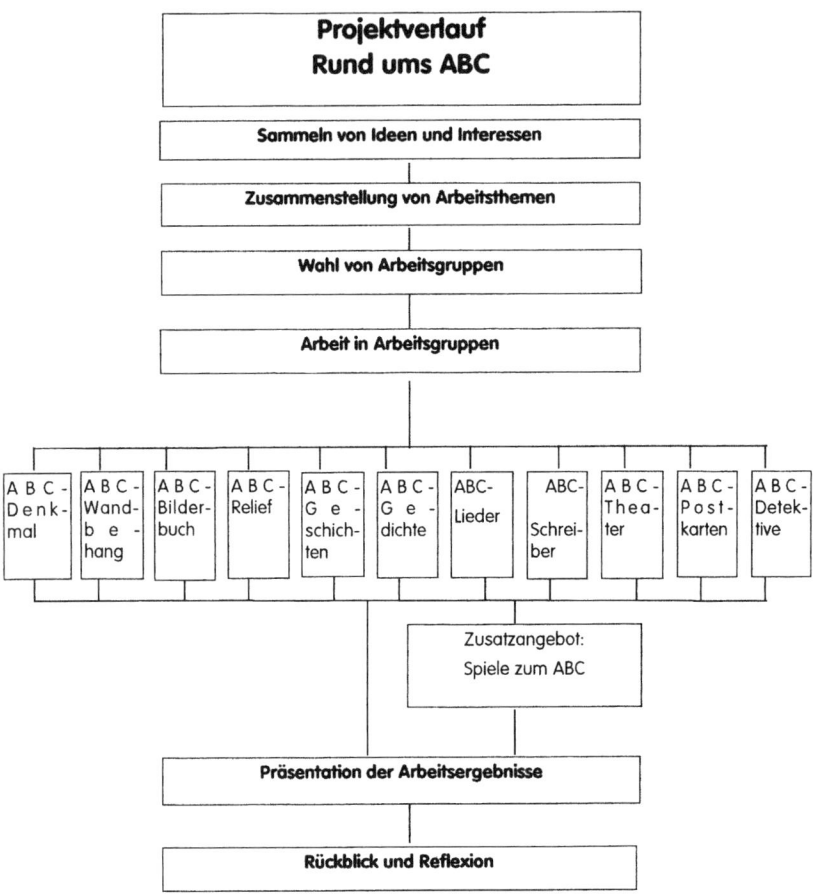

Für die altersgemischten Projektgruppen wären zum Beispiel folgende Themenstellungen möglich:
- *ABC-Denkmal:* Aus Latten und Draht wird ein etwa körpergroßes Gerüst in der Grobform der Buchstaben A, B und C gefertigt. Das Gerüst wird dann in Pappmachéart mit Zeitungen und Kleister verhüllt und schließlich angemalt.
- *ABC-Wandbehang:* Die Buchstaben des Alphabets werden auf einem textilen Untergrund appliziert und dann zu einem Wandbehang zusammengestellt.
- *ABC-Relief:* Die Buchstaben des Alphabets werden aus Holz gesägt und auf einer Holzplatte arrangiert.

- *ABC-Bilderbuch:* Bilder zu den einzelnen Buchstaben werden großformatig in verschiedenen Techniken erstellt, auf Karton aufgezogen und gebunden.
- *ABC-Geschichten:* Schreibwerkstatt, in der Geschichten zum Thema Buchstaben und ABC entstehen.
- *ABC-Gedichte:* Schreibwerkstatt, in der Gedichte, Verse, Zweizeiler zu einzelnen Buchstaben und zum ABC entstehen.
- *ABC-Lieder:* Es werden Lieder zum ABC gesungen, dazu wird musiziert; kleine Verse werden selbst vertont.
- *ABC-Schreiber:* Es geht um kalligraphische Übungen, um dekorative, ornamentale Schriftgestaltung.
- *ABC-Theater:* ABC-Verse und Geschichten werden dramatisiert,eine ABC-Revue wird eingeübt; ein Bühnenbild und dazu passende Utensilien werden hergestellt.
- *ABC-Postkarten:* Karton in Postkartengröße wird mit Buchstaben in verschiedenen Techniken bedruckt; die Karten werden zugunsten eines Kinderhilfswerks an Gäste verkauft.
- *ABC-Detektive:* Kodieren und Dekodieren von Geheimschriften, Arbeit mit alten Schriften, ausländischen Alphabeten.

Die Organisation der Projekttage könnte noch dadurch aufgelockert werden, daß zu Beginn oder zum Abschluß jeden Tages ABC-Spielgruppen eingerichtet werden. Die Kinder können frei wählen, ob sie irgendwo beim ABC-Memory-Turnier mitmachen, Domino spielen oder bei Kreis- oder Schreibspielen zum ABC teilnehmen wollen.

ABC-Arbeitsgemeinschaft

Ob als freiwilliges Angebot oder als Wahlpflichtangebot, das in den Vormittag integriert ist, das ABC ist auch ein ideales Thema für eine klassenübergreifende Arbeitsgemeinschaft. Alle Angebote der folgenden Kapitel können dort bearbeitet werden, und es kann dabei in den Anforderungen und im Material differenziert werden. Außerdem kann leicht gewechselt werden zwischen intellektuellen und rein praktischen Tätigkeiten. Und wenn die Kinder über die Fülle der Arbeitsmöglichkeiten frühzeitig informiert sind, können sie sich ihr eigenes Arbeitsprogramm zusammenstellen.

3. Sprachliche ABC

Das Alphabet ist Ordnungs- und Gliederungselement im sprachlichen Bereich, Basis der schriftsprachlichen Äußerungsmöglichkeiten. Dementsprechend ergeben sich viele Möglichkeiten, mit dem ABC sprachlich zu spielen, Sprache zu ordnen, sprachliche Phänomene deutlich zu machen.

Solche Arbeitsmöglichkeiten zum ABC ergeben sich

- auf der Buchstabenebene,
- auf der Wörterebene,
- auf der Satzebene,
- auf den verschiedenen Textebenen bis zum Umfang von Büchern.

Buchstaben-ABC

Besonders im ersten Schuljahr, beim Üben und Festigen der neuen Buchstaben oder zum rückblickenden Wiederholen der eingeführten Buchstaben, sind vielseitige und abwechslungsreiche Aktivitäten zum Alphabet gefragt. Je nach Zielsetzung, ob es um das visuelle Wiedererkennen, die Verbindung von Laut und Buchstabe oder um schreibtechnische Schwerpunkte geht, bieten sich die unterschiedlichsten Übungsformen an, die für die Kinder oft noch Spielcharakter haben und auch dem Gestaltungsvermögen und -willen der Kinder entgegenkommen.

Gefüllte Buchstaben

Die Kinder erhalten Blätter mit den Umrissen der zu übenden Buchstaben. Die einzelnen Formen sollten wenigstens zehn Zentimeter groß sein, je größer, desto besser. In der Klasse können auch Buchstabenschablonen ausliegen, entweder selbst aus Pappe hergestellte, die für verschiedene Zwecke geeignet sind, oder gekaufte aus Holz oder Plastik. Mit diesen Schablonen können die Kinder die Buchstaben umfahren und sich eigene Buchstabenumrisse herstellen.

Die Umrisse können je nach Übungsschwerpunkten unterschiedlich gefüllt werden. Wenn es um das Schreiben der Druckschriftform geht, schreiben die Kinder den Buchstaben mehrfach, größer und kleiner in Druckschrift in den Umriß, ansonsten in der Form der verbundenen Schrift.

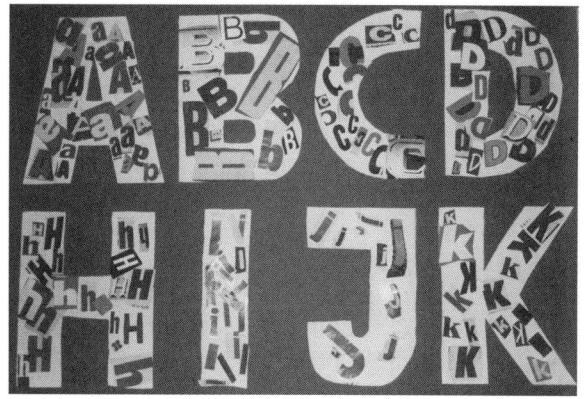
Wenn es um visuelles Wahrnehmen und Generalisieren geht, also um das Erkennen, daß es sich selbst bei einer unterschiedlichen Größe, Farbe und Detailausformung um denselben Buchstaben handelt, können die Kinder in Zeitungen, Zeitschriften, Prospekten usw. entsprechende Buchstaben suchen, ausschneiden und in den Umriß kleben.

Wenn es eher um die Verbindung von Laut und Buchstabe geht, zeichnen die Kinder in den Umriß Gegenstände, die mit dem entsprechenden Buchstaben anlauten.

Diese drei Verfahren sind auch für ein Arbeiten im großen Format geeignet, so daß viele Kinder nach und nach ihren Beitrag zu einem Buchstabenplakat leisten und das fertige Produkt zur dekorativen Daueranschauung und Übung längere Zeit in der Klasse hängt.

Wer eine oder mehrere Schreibmaschinen oder gar einen Computer in der Klasse zur Verfügung hat, kann die Kinder damit Schriftbilder herstellen lassen oder z. B. Buchstaben, die sich aus Buchstaben zusammensetzen. Kinder, die keinen Spaß an dem oft mühsamen Schreiben haben, finden bei diesem eher kreativen, experimentellen Tun leichter einen Zugang zu Thema und Medium.

```
       AAA
      AA  AA
     AA    AA
     AAAAAAAAA
     AAAAAAAAAA
     AA      AA
     AA      AA
```

Buchstabenreihe

Oft kennen Kinder die Reihenfolge des Alphabets bereits beim Schuleintritt. Sie haben es über Spielmaterialien, aus der Sesamstraße, durch Geschwisterkinder usw. gelernt. Als Assoziationskette wird es auch gut behalten. Diese Kenntnis hat natürlich wenig mit Lesefähigkeit zu tun, genausowenig wie die Kenntnis der Zahlenreihe mit Rechenfertigkeit. Die Buchstaben werden assoziativ aneinandergereiht, wie Silben eines Abzählreimes.

Die Kenntnis der Buchstabenfolge wird besonders zu Beginn des zweiten Schuljahrs wichtig, wenn man beginnt, eine alphabetische Ordnung in den rechtschriftlichen Grundwortschatz zu bringen, sei es durch ein ABC-Heft oder eine erste Kartei. Auch bei der Arbeit mit Wörterlisten oder zum Nachschlagen in Wörterbüchern ist der Einblick und das Beherrschen der alphabetischen Ordnung eine wichtige Voraussetzung.

Die ABC-Folge kann durch Reime geübt, gefestigt und gegliedert werden. Solche Reime kann man selbst, auch zusammen mit den Schülern erstellen – sie werden sich ohnehin oftmals ähneln, weil die Reimmöglichkeiten sich in Grenzen halten. Meistens kann man zu den Reimen eine einfache volksliedhafte Melodie erfinden. Geeignete Reime findet man aber auch in Wörterbüchern und Sprachbücher, z. B.:

ABC,
ich steh schon auf und geh',
DEF
mal sehen, wen ich treff',
GHI
ein Hahn macht „kikriki",
JKL
ein Kater putzt sein Fell,
MNO
den Hund dort beißt ein Floh,
PQR
ein Spatz fliegt hin und her,
STU
ein Uhu ruft „huhu!"
VWX
jetzt mach ich aber fix,
Y und **Z**
und lege mich ins Bett.

Buchstabieren

Die mittelalterliche Leselernmethode über das Buchstabieren soll nicht reaktiviert werden. Aber in einem anderen Zusammenhang hat das Buchstabieren einen Sinn und einen Bezug zur Lebenswirklichkeit. Beim Nennen des Namens am Telefon oder beim Diktieren, bei Nachfragen, wenn jemand ein Wort nicht richtig verstanden hat, kann Buchstabieren für Klarheit sorgen. Die Kinder können, wenn sie sicher im Lautieren sind, dazu selbst ein Buchstabier-Alphabet zusammenstellen. Man kann ihnen aber auch die genormte Buchstabiertafel geben. Sie machen sich damit vertraut und können dann mit einem Partner spielerisch ein Wort verrätseln und erlesen lassen. So wird aus „Schalke" zum Beispiel: Schule, Anton, Ludwig, Kaufmann, Emil. Die offizielle Buchstabiertafel für das Inland lautet:

A Anton	**G** Gustav	**O** Otto	**U** Ulrich
Ä Ärger	**H** Heinrich	**Ö** Ökonom	**Ü** Übermut
B Berlin	**I** Ida	**P** Paula	**V** Viktor
C Cäsar	**J** Julius	**Q** Quelle	**W** Wilhelm
CH Charlotte	**K** Kaufmann	**R** Richard	**X** Xanthippe
D Dora	**L** Ludwig	**S** Samuel	**Y** Ypsilon
E Emil	**M** Martha	**SCH** Schule	**Z** Zacharias
F Friedrich	**N** Nordpol	**T** Theodor	

Klang der Buchstaben

Der französische Dichter Arthur Rimbaud, ein Vertreter des Symbolismus, hat in seinem Gedicht „Voyelles" beschrieben, was er zum Klang der einzelnen Vokale assoziiert, welchen Charakter er ihnen zuschreibt. Ähnlich können die Kinder in einer späteren Klassenstufe (Klasse 3 oder 4), eventuell mit Hilfe von Wörterlisten oder -büchern, zusammenstellen, womit sie die Vokale in Verbindung bringen. Natürlich sollten die Vokale in den entsprechenden Wörtern vorkommen, wobei die Vorgabe sein kann, innerhalb einer Wortart zu bleiben, z. B. nur Nomen oder nur Adjektive. Leichter wird es, wenn keine Einschränkungen gemacht werden. Ein Ergebnis könnte dann sein:

a: warm, baden, Abend ...
e: leben, edel ...
i: spitz, frisch, witzig, Wiese, winzig ...

o: froh, komisch, rollen ...
u: unten, dunkel, duster, dumpf ...

Geheimschriften

Der eigentliche Sinn der Schriftsprache liegt in der kommunikativen Funktion. Der Schreiber setzt Zeichen, die der Leser entziffert. Es gibt jedoch auch Situationen, in denen ein Schreiber nicht möchte, daß jeder Leser den Sinn seiner Schrift erfaßt. Solche Geheimsprachen und -schriften haben eine lange Tradition im militärischen oder politischen Raum, bei Cliquen und Sekten, aber auch unter Liebenden.

Auch Kinder haben gern mal Geheimnisse und mögen es, Mitteilungen zu verrätseln, sich damit abzugrenzen zu anderen und sich ein bißchen wegzuträumen in die Welt von Piraten, von Burgverliesen und Schatztruhen. Kinder finden oft auch selbst eine größere Anzahl von Möglichkeiten, Nachrichten zu kodieren, z. B.:

o Rückwärts schreiben.
o Die Buchstaben werden in umgekehrter ABC-Folge verwendet, also Z statt A, Y statt B. Alphabet hieße dann: ZOKSZYVG.
o Statt der richtigen Buchstaben wird der folgende Buchstabe in der ABC-Reihe geschrieben. Alphabet hieße dann: BMQIBCFU.
o Für die Buchstaben werden Zahlen in der Reihenfolge der Stellung im Alphabet gewählt. Alphabet hieße dann: 1/12/16/8/1/2/5/20. Durch willkürliche Zuordnung ergibt sich eine große Entschlüsselungsschwierigkeit für Nichteingeweihte.
o Der Text wird in Segmenten geschrieben, zum Beispiel in Buchstaben-Dreiergruppen. Zur Erschwerung wird vor jede Gruppe jeweils ein beliebiger Buchstabe gestellt. Alphabete hieße dann: BALP IHAB KETE.

Alte Schriften

Selten zwar, aber hin und wieder werden Kinder auch mit alten Schriften konfrontiert, z. B. beim Lesen des Fraktur-A im Apothekenzeichen, beim Durchblättern alter Bücher, beim Ansehen der Schulchronik, beim Lesen einer alten Postkarte oder eines aufbewahrten Briefes der Urgroßeltern.

Bei Angeboten solcher Schriften in der Schule fühlen sich viele Kinder als Schriftdetektive. Sie können z. B. versuchen, ein Märchen in alter Frakturschrift zu lesen. Wenn man ihnen ein Alphabet in deutscher Schrift oder in Sütterlinschrift gibt, können sie selbständig einen Text dekodieren,

und mit großer Freude gehen sie auch daran, selbst in der alten Schrift zu schreiben.

Fremde Schriftzeichen

Wer ausländische Kinder in der Klasse hat, sollte auch deren Muttersprache und Schrift in den Unterricht der Klasse einbeziehen. Einerseits bekommen die deutschen Kinder dadurch Informationen und werden sensibilisiert für die schwierige Situation der ausländischen Kinder. Diese andererseits bekommen eine positive Verstärkung, weil etwas von ihnen thematisiert wird. So erfahren die Kinder, daß es ein Zufall ist, mit welcher Schrift sie schreiben und daß andere Schriften die gleichen Funktionen erfüllen können. Die Bilderschrift eines Indianerstammes könnte in Verbindung mit der Ganzschrift „Fliegender Stern" von Ursula Wölfel angesprochen werden. Wo es möglich ist, kann man den Kindern verschiedene Alphabete mit den jeweiligen Lautwerten vorstellen, etwa das griechische oder das russische. Die Kinder nutzen die Schriftzeichen dann wie eine Geheimschrift und schreiben die deutsche Lautung, z. B. mit griechischen Buchstaben. Dann sähe das Wort für Rektorin so aus: ΠΕΚΤΟΠΙΝ oder mit Kleinbuchstaben πεκτοπιν. Dabei muß den Kindern allerdings klar sein, daß dies nicht das griechische Wort für die Bezeichnung einer Schulleiterin ist.

Wörter-ABC

Wörter nach dem ABC zu ordnen hat den Sinn, sie zu gliedern, die Wörter rasch wiederfinden zu können oder leichter verfügbar zu machen. Deutlich wird das für die Kinder, wenn ihre Namen für Milch und Kakao oder für Klassendienste alphabetisch geordnet sind. Sie können sich rascher informieren und lernen dabei die alphabetische Folge.
Dies wird in anderen Unterrichtsbereichen weitergeführt, z. B. beim Ordnen der Hängemappen und Hefte, beim Aufstellen nach dem Alphabet bei den Bundesjugendspielen. Das kann isoliert geübt werden, wenn etwa Iris sich hinstellt und ihre beiden Nachbarn im ABC sucht. Es kann auch spielerisch geübt werden, indem die Lehrerin oder ein Schüler mit einem Tambourin klopfen. Die Kinder sagen sich dazu leise das ABC auf, jeder Schlag steht für einen Buchstaben. Wenn der Spielleiter stoppt, sagt ein Kind den Buchstaben, bei dem der Rhythmus unterbrochen wurde, oder alle Kinder schreiben schnell den Buchstaben auf einen Zettel und halten ihn zur Kontrolle hoch.

Märchen-ABC

Im Rahmen eines klassenübergreifenden Märchenprojekts können z. B. mehrere Arbeitsgruppen gebildet werden. Eine Gruppe lernt Märchenlieder, eine übt ein Märchen-Schattenspiel, eine collagiert einen textilen Wandbehang, eine verfremdet Märchen, und eine erstellt ein Märchen-ABC. Die Kinder suchen in Märchen nach passenden Figuren und erstellen eine alphabetische Liste. Diese Arbeit kann dann in einer Gestaltungsaufgabe weitergeführt werden. Die Kinder erstellen ein ABC-Buch mit jeweils einer Seite zu einem Buchstaben. Sie malen die passende Märchenfigur dazu, oder sie kopieren einen Abschnitt aus dem entsprechenden Märchen, in dem die Figur agiert, und kleben den Text neben den Buchstaben. Ebenso können die Kinder aus ihrer ABC-Liste ein Rätsel, z.B. ein Silbenrätsel, machen, das sie den anderen Gruppen zum Raten überlassen. Die Kinder könnten z. B. solch ein Märchen-ABC erstellen:

A	Aschenputtel	**E**	Esel	**J**	Jorinde und Joringel
B	Bremer Stadtmusikanten	**F**	Froschkönig	**K**	Kater/König
		G	Goldmarie	**L**	Löwenherz
C	Cinderella	**H**	Hexe	**M**	Mutter
D	Drosselbart	**I**	Igel	**N**	Nixe

O	**S** Schneewittchen	**W** Wolf
P Pechmarie	**T** Tischlein-deck-dich	**X**
Q Quelle	**U** Unke	**Y**
R Rotkäppchen	**V** Vater	**Z** Zwerge

Schimpfwörter-ABC

Innerhalb einer Einheit „Fremde und Freunde" oder „Sich zanken, sich vertragen" wird das Gespräch sicherlich auch darauf kommen, daß Worte verletzen können. Solche Wörter werden gesammelt, wobei es für Kinder sicher auch einmal entspannend ist, quasi „verbotene" Wörter auszusprechen oder gar schreiben zu dürfen. Solch ein Schimpfwörter-ABC könnte in Tischgruppen erstellt werden, weil die Kinder sich gegenseitig anregen können und so zugleich eine sachbezogene Kommunikationsmöglichkeit gegeben ist. Die Ergebnisse der verschiedenen Gruppen werden dann ausgetauscht, man stellt Unterschiede und Parallelen fest und wertet die Schimpfwörter nach ihrem Entstehen, ihrem Witz, ihrem Verletzungsgrad. Dabei kann ohne weiteres festgestellt werden, daß je nach Situation und Betonung ein Wort wie „Dummerle" mal ein Schimpfwort und mal ein liebgemeintes Trostwort sein kann.

Diese Form der Sprachbetrachtung kann weitergeführt werden, wenn die Kinder im Anschluß an das Sammeln der Schimpfwörter ein Freundschaftswörter-ABC zusammenstellen sollen. Sie werden merken, daß es viel mehr Zeit und Überlegung braucht, um hier ein halbwegs komplettes, überzeugendes Ergebnis zu bekommen: Sie werden stutzen und überlegen, warum wir mehr negative als positive Benennungen für Mitmenschen kennen.

Ein Beispiel für ein Schimpfwörter-ABC aus einer dritten Klasse:

A Armleuchter	**I** Idiot	**Q** Quadratkopf
B Bekloppter	**J** Jammerlappen	**R** Rindvieh
C Clown	**K** Kamel	**S** Spinner
D Doofkopp	**L** Luftsack	**T** Trampeltier
E Esel	**M** Miesepeter	**U** Ullige
F Flasche	**N** Nasenbär	**V** Vollidiot
G Gurke	**O** Ochse	**W** Warzenschwein
H Hampelmann	**P** Penner	**Z** Ziegenbock

Unsinn-ABC

Im zweiten Schuljahr wird man die alphabetische Reihenfolge üben, indem die Kinder der Klasse ihre Namen ordnen und dabei feststellen, welche Buchstaben nicht besetzt sind, und die Lücken durch ihnen bekannte Namen füllen.

Zu einem anderen Anlaß könnten sich die Kinder in einem dritten oder vierten Schuljahr Namen ausdenken, zum Beispiel Namen für Orte, wo sie gerne sein möchten (Wolkenkuckucksheim-ABC), Namen für Gegenstände, die sie sich ausgedacht haben. Im Anschluß an eine Klassenlektüre vom kleinen Vampir können sie sich Vampirnamen ausdenken (Daniela die Durstige, Horst der Hungrige, Ronni der Raffzahn ...), oder sie erfinden die Namen von Gespenstern, die auf Schloß Grauenstein hausen.

Solch blühender Unsinn, das Sammeln von Wörtern, die es nicht gibt, das Sprechen von Sätzen, die keinen Sinn ergeben, der kreative Umgang mit Sprache, die Wertschätzung von Nonsens und Zweckfreiem kommt in der Regel in der Schule viel zu kurz. Wo wir Möglichkeiten dazu sehen, sollten wir die Kinder ermuntern, über den engen Rahmen der realen Erfahrungen hinwegzudenken und der Fantasie freien Raum zu geben. So entstand z. B. zur Freude der Kinder dieses Monster-ABC:

A Apparator	**J** Jagger	**S** Sülzer
B Buller	**K** Kotzer	**T** Trompetus
C Caesar	**L** Linker	**U** Unhold
D Dotter	**M** Marathon	**V** Viva
E Eiter	**N** Nase	**W** Wams
F Froller	**O** Oberst	**X** Xoxa
G Grumpf	**P** Pranke	**Y** Yoyoyo
H Horch	**Q** Quertzel	**Z** Zomba
I Ilsebiß	**R** Rasta	

Natürlich gewinnt auch ein solches ABC dadurch, daß es illustriert wird. In diesem Fall wurde es in einem vierten Schuljahr durch Klecksbilder begleitet, in die mit schwarzem Filzstift Gesichter und Konturen gezeichnet wurden. Zu den einzelnen Monstern wurde dann auch noch ein Steckbrief geschrieben.

Sach-ABC

Im Unterricht wird oft exemplarisch gearbeitet. Mit dem Mut zur Lücke wird eine Situation, ein Lebewesen, ein Gegenstand als pars pro toto

thematisiert: der Hund als Haustier, die Kartoffel als Nutzpflanze, die Tankstelle als Dienstleistungsbetrieb usw. Viele Kinder stellen darüber hinausgehende Fragen, haben umfassendere Interessen und Kenntnisse.

Aus diesem Grunde, also zum Zusammenfassen von Wissen, zum Abrunden und Abschließen einer Sacheinheit und andererseits zum Wecken von Neugier, empfiehlt es sich, parallel oder zum Abschluß einiger sachunterrichtlicher Projekte oder Unterrichtsreihen ein thematisches ABC zu erstellen.

Ergiebig sind zum Beispiel:

- ein Ritter-ABC von Armbrust bis Zwingburg,
- ein Tier-ABC von Affe bis Zebra,
- ein Blumen- und Pflanzen-ABC von Aster bis Zwiebel,
- ein Berufe-ABC von Anstreicher bis Zahnarzt,
- ein Kleidungs-ABC von Anzug bis Zylinder,
- ein Städte-ABC von Aachen bis Zwickau,
- ein Was-ich-mag-ABC von Apfelsaft bis Zipfelmütze,
- ein Gesundheits-ABC von Arznei bis Zahnpasta,
- ein Nahrungs-ABC von Apfel bis Zucchini,
- ein Länder-ABC von Albanien bis Zypern,
- ein Verkehrs-ABC von Ampel bis Zug.

Je nach Zeit und Interesse kann mit diesen Alphabeten auch wieder weitergearbeitet werden, indem die einzelnen Begriffe gezeichnet oder beschrieben werden. Sehr viel Spaß kann es auch machen, so eine alphabetische Namenreihe in rhythmisierten Sprechsilben oder einem Sprechgesang zu vertonen, z. B. An-strei-cher, Bäk-ker, Co-pi-lot, Dach-dek-ker, E-lek-tri-ker ...

ABC und Wörterbuch

Eine perfekte alphabetische Ordnung ist natürlich bereits in Wörterbüchern vorgegeben. Beim ersten Einsetzen – etwa ab dem zweiten Schuljahr – fällt jedoch vielen Kindern der Umgang damit nicht leicht. Ein gutes Wörterbuch wird dem Benutzer immer auch einführende Übungen zum Nachschlagen mitliefern. Einige durch die Rätselform spaß- und spielbetonte Aufgaben und Übungen sollen hier genannt werden, und zwar Übungen zur Buchstabenfolge, zur Inhaltlichkeit, zum Wortverständnis und zur Wortform:

- *zur Buchstabenfolge:*
  - Zwischen welchen Wörtern müßten die Wörter unseres Klassenwortschatzes der Woche einsortiert werden?
  - Zwischen welchen Wörtern würden die Vornamen der Kinder unseres Gruppentisches stehen?
  - Welche Zahl ergibt sich, wenn alle Wörter der Woche nachgeschlagen werden und die entsprechenden Seitenzahlen addiert werden?
  - Wo stehen die Stammwörter von den Wörtern, die Vorsilben haben ...?

- *zur Inhaltlichkeit der Wörter:*
  Wörter unter verschiedenen Gesichtspunkten heraussuchen:
  – was man essen kann,
  – was man riechen kann,
  – was man tragen kann,
  – was man in der Schule tun kann,
  – was man alles in einen Tornister packen kann,
  – was man alles nicht sehen kann,
  – wie man sich bewegen kann,
  – was man einkaufen kann,
  – Geräusche von Tieren ...
- *zur sprachlichen Form:*
  – Wörter mit bestimmten Endungen suchen (-heit, -ung, -keit, -lich, -los, -bar ...),
  – bestimmte Wortarten heraussuchen,
  – Wörter mit bestimmten Rechtschreibphänomenen heraussuchen (ie, ck, ß, mm, nn ...),
  – Wörter heraussuchen, die nur einen einzigen Vokal enthalten,
  – Wörter heraussuchen, in denen kein Buchstabe doppelt vorkommt,
  – Wörter suchen, in denen bestimmte Buchstaben mehrmals vorkommen (z. B. Wörter mit drei „e": vermehren ...),
  – die zehn kürzesten oder längsten Wörter einiger Seiten heraussuchen,
  – alle zweisilbigen Wörter einer Seite suchen,
  – zusammengesetzte Wörter suchen und nachschlagen, ob beide Wortteile auch einzeln noch einmal aufgelistet sind,
  – Wörter suchen, zu denen eine bestimmte Vorsilbe paßt (un-, be- ...) usw.

Nach einigen Übungen, die die Lehrerin zusammengestellt hat, und nachdem das Arbeitsverfahren klar ist, haben auch die Kinder Freude daran, sich Aufgaben auszudenken und sich gegenseitig zu stellen.

ABC-Sätze

Am Alphabet orientierte Texte bieten sich auf zwei Ebenen an: einmal als vorgefundene Schnellsprechverse und zum zweiten als selbst erstellte Alliterationen mit Spielcharakter.

Schnellsprechverse

Seit mehr als einem Jahrhundert finden sich Schnellsprechverse in der Kinderliteratur und in didaktischer Literatur, vor allem zum Erstleseunterricht. Gerade in heutiger Zeit wird der Wert solcher Verse wieder erkannt. Neben dem deutlichen Sprechen, das in Konkurrenz zu eigenen Versuchen immer besser und deutlicher wird, wird der entsprechende Laut bewußt, der mehrfach alliteriert wird. Diese Verse wirken durch ihren sprachlichen Klang. Allerdings waren Schnellsprechverse früher schon keine hohe Literatur, und sie sind es heute noch weniger, dessen sollte man sich bewußt sein, zumal einige auch noch heute fragwürdige gesellschaftliche, rollenfixierte Aussagen haben. Bekannte ältere Zungenbrecher und Verse sind:

o Fischers Fritze fischt frische Fische.
o Wir Wiener Wäscherinnen würden weiße Wäsche waschen, wenn wir wüßten, wo warmes Wasser wäre.
o Zehn Ziegen zogen zehn Zentner Zucker zum Zoo.
o Zwischen zwei Zweiglein zwitschern zwei Zeislein.
o Blaukraut bleibt Blaukraut und Brautkleid bleibt Brautkleid.
o Schneiders Schere schneidet scharf, scharf schneidet Schneiders Schere.
o Hinter Hannes Hermanns Haus hängen hundert Hemden raus.

Kalter Kaffee

Als es noch nicht die heutige Fülle an medialer, vor allem auch an televisionärer Ablenkung gab, spielten Kinder gern das Schreibspiel „Kalter Kaffee". Ein Buchstabe wurde durch Zufall ausgewählt, z. B. durch Aufschlagen einer Buchseite, und dazu mußte in verabredeter Zeit ein möglichst langer, zwar nicht unbedingt sinnvoller, aber doch grammatikalisch korrekter Satz gefunden und aufgeschrieben werden, dessen Wörter alle mit dem ausgewählten Buchstaben beginnen mußten.

Dieses Spiel hat auch heute noch seinen Reiz, vor allem auch seinen Sinn. Die Kinder haben Spaß an den lustigen Sätzen, die dabei entstehen. Satzverständnis, Sprachgefühl und Wortschatz werden aktiviert, gefordert und gefördert. Wenn dabei ein Wörterbuch benutzt werden darf, kommt auch die Rechtschreibung nicht zu kurz. Die Kinder ausländischer Muttersprache mit geringen deutschen Sprachkenntnissen sind bei dieser Aufgabenstellung jedoch leicht überfordert. Hier muß differenziert und in der Kleingruppe mit Hilfen zunächst vorgeübt werden.

In der Art dieser alliterierenden Sätze können die Kinder ein Klassen-ABC erstellen. Der vorgegebene Buchstabe ist für jedes Kind der Anfangsbuchstabe des eigenen Namens. Wenn die Lehrerin für die Reinschrift ein Formular vorbereitet, das neben dem Text Platz bietet für ein Selbstporträt, so kann daraus durch Kopieren ein Büchlein entstehen, das auch fremden Lesern Freude macht – den Autoren und Autorinnen ja allemal. Technisch gute Ergebnisse werden garantiert durch gute Vorlagen; diese sollten mit schwarzem Filzstift oder Fineliner hergestellt werden. Für diese Zwecke, d. h. zum Erstellen von kopierfähigen Kindervorlagen, sollte immer ein begrenzter Satz von Stiften, die man sonst nicht unbedingt in der Schule braucht, in der Klasse parat liegen.

Natürlich schränkt die Aufgabenstellung das expressive Schreiben ein, aber jedes Kind hat die Möglichkeit, seine Aussage in verschiedene Richtungen zu lenken, mehr beschreibend, realistisch oder übertreibend, lustig, verfremdend. Dabei entstehen zum Beispiel schon im zweiten Schujahr solche Kurztexte:

- Oliver ordnet Orangen ohne Onkel Otto.
- Thomas trainiert tolle, tüchtige Torwarte.
- Katharina kauft keine kleinen Karamelbonbons.
- Jennifer joggt jetzt jedes Jahr.
- Lars liebt leidenschaftlich lila Lollies.
- Melanie mag Möhren mit Maggi.
- Michaela mischt Müsli meistens mit Milch.
- Züheyda züchtet zauberhafte Zitronen.
- Anna angelt am Abend acht Aale.

ABC-Reime

Vorgefundene Reime

Seit altersher, vor allem seit Beginn des 19. Jahrhunderts, finden sich in der Kinderliteratur Reime, die das Lernen des Alphabets im Rahmen des Leselehrgangs stützen sollten. Oft wurde in den Reimen zusätzliches naturwissenschaftliches Wissen über bestimmte Tiere, Pflanzen oder Länder vermittelt.

Wilhelm Busch ist wohl als erster aus der Ernsthaftigkeit dieser Verse ausgestiegen und hat mit seinem „Naturgeschichtlichen Alphabet für größere Kinder und solche, die es werden wollen" eine Humoreske geschaffen, die uns heute noch sehr erfreut. Die Ironie der lapidaren Aussagen wird allerdings von Grundschulkindern meist nicht recht durchschaut. Versbeispiele:

Im Ameishaufen wimmelt es,
der Aff frißt nie Verschimmeltes.

Der Esel ist ein dummes Tier,
der Elefant kann nichts dafür.

Der Walfisch stört des Herings Frieden,
des Wurmes Länge ist verschieden.

Den Kakadu man gern betrachtet,
Das Kalb man ohne Weiters schlachtet.

Die Lerche in die Lüfte steigt,
Der Löwe brüllt, wenn er nicht schweigt.

Der Steinbock lange Hörner hat,
Auch gibt es Schweine in der Stadt.

Die Turteltaube Eier legt,
Der Tapir Nachts zu schlafen pflegt.

In der Folgezeit haben fast alle Autoren der Kinderliteratur sich an mehr oder weniger lustigen ABC-Versen versucht, vor allem James Krüss, Josef Guggenmos, Janosch, Max Velthuis, Max Kruse und zuletzt Paul Maar, Detlef Kersten, Erwin Moser, aber auch viele andere.

Auch zum Standardrepertoire einer Fibel oder eines Lesebuchs für das zweite Schuljahr gehört meist ein gereimtes ABC. Es hat den Sinn, die einzelnen Buchstaben des Alphabets mit einem sinnvollen, gleich anlautenden Inhalt zu koppeln. Der Reim hilft beim leichteren Einprägen und Behalten. Die einzelnen Verse können innerhalb des Leselehrgangs beim Einführen der Buchstaben helfen. Ein ABC-Gedicht kann auch im Anschluß an den Leselehrgang als rückblickende Zusammenfassung eingesetzt werden. Hier kann es auch eine weitere Funktion haben, wenn es

zum Beispiel von den ehemaligen Erstkläßlern am ersten Schultag – quasi als Nachweis des Lernerfolges – den Schulneulingen an deren ersten Schultag vorgetragen wird. Das Ganze kann dazu wie folgt etwas dramatisiert und visualisiert werden:

Die Kinder lernen jeweils den Zwei- oder Vierzeiler zu einem Buchstaben. Sie bekommen einen Karton in Größe ihres Zeichenblocks – je größer, desto besser, denn die Bilder sollen auch von weitem gut erkannt werden. Auf die Vorderseite wird in voller Größe der betreffende Buchstabe gemalt. Bei der Dimensionierung wird die Lehrerin in der Regel

Hilfestellung leisten müssen. Auf die Rückseite wird das Lebewesen oder der Gegenstand gemalt, um den es in dem jeweiligen Vers geht. Die Kinder treten auf, gehen durcheinander und formieren sich dann, laut ihren Buchstaben sagend, zur alphabetischen Reihe. Danach hält das Kind mit dem „A" seine Buchstabentafel hoch, sagt den gelernten Vers auf und zeigt dazu das passende Bild.

Eigene Reime

In den Klassen 3 und 4 hat die Beschäftigung mit ABC-Versen eine andere Funktion als in den Eingangsklassen. Die Textrezeption wird sich neben dem Inhalt eher auf Formales richten. Die Kinder gewinnen Einblick in Form und Konstruktion der Verse. Diese sind meist so einfach gebaut, daß der Weg von der Textrezeption zur Textproduktion nur eines kleinen Anstoßes bedarf. Wenn die Kinder zum Beispiel analysiert haben, daß bei einem ABC-Gedicht in einem Zweizeiler jeweils Vornamen und ein weiteres Nomen (Gegenstand oder Lebewesen) mit demselben Buchstaben anfangen, so können sie für das eigene Reimen folgenden Weg gehen:

- Die Kinder teilen die Buchstaben für die Partnergruppen auf; je nach gewohnter Arbeitsweise können auch Vierergruppen gebildet werden, die dann z. B. zwei Buchstaben bearbeiten.
- Die Gruppen stellen dann im Brainstorming-Verfahren eine Liste von Jungen- und Mädchennamen mit dem gewählten Buchstaben zusammen, sowie anschließend eine Liste von Gegenständen oder Lebewesen mit demselben Anfangsbuchstaben.
- Die Kinder versuchen dann aus dem gesammelten Material einen Zweizeiler herzustellen.
- Nach einer ersten Arbeitsphase stellen die einzelnen Gruppen den anderen ihr Zwischenergebnis und ihre Schwierigkeiten vor. Sie erhalten dabei Ermunterung und Änderungsvorschläge. Ferner bekommen Gruppen durch das Hören der anderen Entwürfe neue Ideen und Anstöße, wie sie mit etwaigen Schwierigkeiten umgehen können.
- Dann stellen die Gruppen ihre Endergebnisse mündlich oder per Aushang vor.
- Es folgt noch einmal eine Schlußkritik, und schließlich wird über die weitere Arbeit nachgedacht: Schreibt sich jeder alle Verse auf? Sucht sich jeder nur einige Verse zum Aufschreiben aus? Kann aus den Texten ein ABC-Buch entstehen? Wenn ja: in welcher Form? Können wir mit den Versen einer anderen Klasse eine Freude machen? usw.

Bei einer solchen Arbeit können z. B. im vierten Schuljahr folgende Texte entstehen:

Anna, Albert und Andreas essen gerne Ananas.	Erik, das ist allerhand, spielt mit Ergün Elefant.
Bernd sitzt auf der Bank, Bärbel nicht, denn sie ist krank.	Flora, Fred und Florian schaun sich Fernsehfilme an.
Claudia und Christian fangen vorn wie Cowboy an.	Gunnar, Gisela und Gerd kochen Griesbrei auf dem Herd.
Dimitra und Daniel öffnen Dosen äußerst schnell.	Heidrun, Horst und Helmut finden Hafermüsli gut.

ABC-Geschichten

Im ersten Schuljahr hilft es den Kindern beim Erinnern und Wiedererkennen der Buchstaben und ihrer Laute, wenn die Lehrerin sie mit einer Geschichte vorstellt oder verbindet. Beim Einzug in ein Buchstabenhaus kann die Lehrerin zu jedem Buchstaben in Form eines fiktiven Dialogs eine kleine Geschichte erzählen, z. B.:

„Aha, du bist also das R. Das sieht man, du hast ja einen roten Rucksack auf dem Rücken. Und was machst du so den ganzen Tag? Rollschuhfahren, das habe ich mir gedacht. Dann magst du sicher auch Rosen und Rosinen. Und welches ist dein Lieblingstier? Na klar, Rehe. Und welches noch? Ein Rollmops? Also, jetzt willst du mich wohl auf den Arm nehmen. Dann geh mal in dein Zimmer im ersten Stock. Da hast du Platz für deinen Rucksack. Aber deinen Roller mußt du unten im Flur lassen!"

In aufgabenbezogenen Bereichen der Textproduktion kann das ABC dann wieder im dritten oder vierten Schuljahr eine Rolle spielen. Die Kinder schreiben für das erste Schuljahr Geschichten, in denen möglichst viele Wörter mit demselben Anfangsbuchstaben vorkommen. Nach einer Wörtersammlung und mit Hilfe des Wörterbuchs versuchen die Kinder – ähnlich wie bei dem Aufsatztypus der Reizwortgeschichte – eine logische oder lustige Verbindung zwischen den einzelnen Wörtern herzustellen. Auch diese Geschichten werden besser, wenn sie – wie oben bei den

Gedichten – im Sinne einer Schreibkonferenz von anderen Kindern gehört, beraten, verbessert, ergänzt werden. Für diese Geschichten kann die Lehrerin auch interessante, lustige, provozierende Themen vorschlagen, aus denen die Kinder z. B. im Laufe der Woche im Rahmen der Freiarbeit sich eins auswählen und bearbeiten. Mögliche Themen:

„Dackel Dagobert", „Gespenster im Garten", „Notlandung am Nordpol", „Im Urwald von Ugadugu", „Zauberer Zwackelmann hat einen Zackenzahn".

Bei einer anderen Variante werden die Buchstaben personifiziert, und die Kinder erzählen, was sie erleben, z. B.: Das **A** ging nach draußen und traf das **B**. Beide schellten beim **C** und holten dann das **D** ab. Das **E** wollte nicht mit, und das **F** war gar nicht zu Hause, weil es mit dem **G** zum **H** gefahren war …usw.

Die folgende Aufgabenstellung ist noch enger geführt. Auf ein Din-A4-Blatt werden von oben nach unten die Anfangsbuchstaben des Alphabets geschrieben. Jede neue Zeile muß also mit einem vorgegebenen Buchstaben anfangen; die Anzahl der Wörter pro Zeile bestimmt der Schreiber, z. B.:

Abends ging Anne hinaus. An der
Buche traf sie
Christian.
Der stand dort mit
Erik und zeigte beiden sein neues
Fahrrad.
Ganz stolz …usw.

Diese Aufgabenstellung kann dadurch erheblich erschwert werden, daß zu jedem Buchstaben nur ein Wort gewählt werden darf. Sie ist deshalb eventuell nur für leistungsstärkere Kinder geeignet. Zwei natürlich nicht tierisch ernste Ergebnisse könnten wie folgt aussehen:

① Achim
bläst
Cowboylieder,
Dieter
eine
Fanfare.

② Anke
bringt
Christian
die
ersten
frischen

① Gern
hört
Inge
jedesmal
Klavier.
Ludwig
mag
Nachtmusik.
Ohne
Posaune
quäkt
Ritas
Saxophon
traurig
und
verloren.
Worauf
Xavers
Ysoppflanze
zittert.

② Gurken.
Horst
ißt
jetzt
keine
Lollies.
Mario
nascht
Orangen.
Pias
Quark
riecht
sauer.
Thomas
und
Vera
wollen
x-beliebigen
Yoghurt
zubereiten.

ABC-Bücher

Im ersten Schuljahr sollten für Pausenaktivitäten, zur zeitlichen und inhaltlichen Differenzierung und für Phasen Freier Arbeit verschiedene ABC-Bücher zur Verfügung stehen, die den Kindern einen eigenen Zugang zum Lesenlernen ermöglichen oder den Leselehrgang flankieren und erweitern. Die Kinder bringen diese auch gern für die Leseecke mit. Wegen der Vielseitigkeit und fehlender didaktischer Enge ist z. B. Ute Andresens Buch „ABC und alles auf der Welt" empfehlenswert, das es in einer reduzierten Fassung auch als Kartei gibt.

Vom ersten bis zum vierten Schuljahr macht es Sinn und gibt es Anlässe, selbst ABC-Bücher herzustellen. In der ersten Klasse kann ein eigenes ABC-Buch den Lernfortschritt dokumentieren, indem es im Laufe des Lesenlernprozesses entsteht, bis es schließlich komplett ist. Hier bieten sich mehrere Formen und inhaltliche Möglichkeiten an. Kinder mögen kleine Formate, Büchlein, die man leicht mitnehmen, vorzeigen, nachschlagen und in die Hose stecken kann. Wenn man zum Beispiel ein Din-A4-Blatt viermal hintereinander jeweils in der Mitte faltet, entsteht ein

Mini-Büchlein von 32 Seiten. Die Faltung muß allerdings an zwei Seiten aufgeschnitten werden. Die Seiten sollten im Rücken mit einer Heftklammer zusammengetackt werden. Wer genau 26 Seiten haben will, muß vor dem Heften ein Blatt herausnehmen, dann hat er die passende Seitenzahl, sowie einen Titel und eine Rückseite. Wem dieses Format zu klein ist, der kann die doppelte Größe wählen, faltet das Blatt also nur dreimal, braucht pro Büchlein allerdings zwei Din-A4-Seiten. Im gleichen Format läßt sich durch Schneiden an der Schneidemaschine, Aneinanderkleben der Streifen und anschließendes Falten um eine Pappschablone auch ein Leporello erstellen. Ob Mini-Buch oder Leporello, die Funktion ist gleich. Die inhaltliche Gestaltung kann jedoch vielfältig abgewandelt werden. Auf jeder Seite kann ein Buchstabe in großer und kleiner Form geschrieben, gedruckt oder geklebt werden. Es kann ein entsprechend anlautender Gegenstand dazu gemalt, ferner kann ein wichtiges Wort dazugeschrieben werden.

Im zweiten Schuljahr könnte ein eigenes ABC-Buch vor allem unter dem Ziel erstellt werden, Wörter des Grundwortschatzes rechtschriftlich zu sichern. Als Form bietet sich dazu ein Din-A5-Heft an.

In den Klassen 3 und 4 wird ein ABC-Buch eher unter dem Aspekt der Textproduktion stehen. Als Organisationsform bieten sich an: eine Unterrichtsreihe, eine Arbeitsgemeinschaft zum ABC, ein Projekttag oder mehrere. So ein ABC-Buch kann auch in mehreren Schritten über einen längeren Zeitraum entstehen.

Ferner muß über die Form des Buches entschieden werden: Seiten eines Unikats können zusammengebunden werden. Wenn immer wieder etwas ergänzt werden soll, können die Einzelarbeiten in Prospekthüllen gesammelt und in einem Ringbuch zusammengefaßt werden. Soll jedes Kind ein Exemplar haben, so sollte dies bereits beim Erstellen des Originals bedacht werden: Farbige Vorlagen wirken nach dem Kopieren oft enttäuschend flach, oder sie müssen so angelegt sein, daß die Blätter erst nach dem Kopieren von den Kindern selbst nachkoloriert werden. In jedem Fall freuen sich die Kinder über ein eigenes Exemplar einer Gemeinschaftsarbeit. Durch Verkleinerungen lassen sich Kopier- und Papierkosten sparen. In vielen Fällen ist so ein vervielfältigtes Exemplar auch ein schönes Geschenk oder ein Kommunikationsmittel für eine andere Klasse der Schule, eine Partnerklasse oder für den Verkauf beim Schulfest.

Natürlich beeindrucken individuell gestaltete Seiten. Geschlossen aber wirkt ein Buch, wenn jede Seite den gleichen Aufbau hat, etwa eine Fläche mit einer Buchstabenfigur (z. B. ein Zierbuchstabe oder ein lustiges

Buchstabenmännchen), ein Feld mit einem Stabreim und ein Feld mit Gegenständen, die den jeweiligen Anlaut haben. Auch bei einer anderen inhaltlichen Füllung sollte auf ein einheitliches Layout nicht verzichtet werden, dies kann auch ein jeweils gleicher Seitenrahmen oder eine gleiche Kopf- und Fußleiste sein.

Inhaltlich bieten sich praktisch alle Möglichkeiten an, die oben bereits beschrieben wurden: Alphabete auf der Wortebene, Kalter Kaffee-Sätze, eigene ABC-Reime und die verschiedensten Formen von ABC-Geschichten.

4. Spielerische ABC

Seit altersher ist das Alphabet nicht nur Medium zum Lernen einer Kulturtechnik. Wer es beherrscht, hat jederzeit auch Material zum Spielen. Schon die Römer kannten Spiele mit Wörtern und Buchstaben, z. B. erfanden sie Anagramme und suchten Wörter und Sätze, die von vorne wie von hinten gelesen werden konnten (Palindrome).

Auch Kinder beginnen heute manchmal, von selbst zu stutzen, und stellen fest, daß manche Wörter am Anfang und am Ende denselben Buchstaben haben, daß einige auch rückwärts einen Sinn ergeben, daß sie unterschiedlich viele Silben haben usw. Dieses kann durch Spiele mit dem ABC verstärkt werden; die Kinder werden sensibilisiert, in Wörter hineinzuschauen und kreativ mit Sprache umzugehen.

Die folgenden Spiele sind zusammengefaßt als Kreis- und Gruppenspiele, die man mit und ohne Material durchführen kann, teils haben sie Rätselcharakter, teils sind es Schreibspiele, für die man lediglich Papier und Bleistift benötigt.

Buchstabenspiele mit Material

Es gibt eine Reihe kommerziell vertriebener Spiele zum ABC, als Puzzle, Domino, Memory oder Schnipp-Schnapp, die man allerdings vielfach auch selbst herstellen kann (s. dazu Kapitel 5).

Setzleisten-Scrabble

Das wohl bekannteste Buchstabenspiel ist „Scrabble", das auch gerne in Familien gespielt wird. Eine einfache Scrabble-Variante kann für eine Schülergruppe mit Hilfe von Setzleisten realisiert werden, die an den meisten Schulen vorhanden sind. Außerdem wird ein Stapel von Buchstabenkärtchen benötigt, wobei die Buchstaben, vor allem auch die Vokale, mehrfach vorhanden sein müssen. Die Kinder ziehen der Reihe nach Kärtchen und versuchen, ein Wort zu bilden. Dabei lassen sich die Regeln variieren, z. B. das Wort muß eine Mindestanzahl von Buchstaben haben, die Buchstaben haben einen Punktwert, von Anfang an werden fünf Kärtchen ausgeteilt, die abgelegt werden, ehe neue gezogen werden können, usw.

Kim-Spiel

Mit den Buchstabenkärtchen des Setzleisten-Scrabbles können auch Kim-Spiele durchgeführt werden. Dazu werden etwa zehn Kärtchen für eine Minute oder 30 Sekunden aufgedeckt. Jedes Kind der Tischgruppe schreibt die Buchstaben auf, die es behalten hat, und bekommt dafür Punkte gutgeschrieben.

Eine Variante dazu: Nach dem Einprägen legen die Mitspieler den Kopf auf die Bank. Ein Kind entfernt dann eine Karte, und die anderen müssen danach den fehlenden Buchstaben herausfinden.

Buchstaben-Bingo

Ferner kann mit den Buchstabenkärtchen Buchstaben-Bingo gespielt werden. Die 26 Kärtchen des Alphabets werden auf einen Stapel gelegt. Jedes Kind hat ein Blatt mit 4 oder 6 Feldern, je nach Absprache und der zur Verfügung stehenden Zeit. In jedes Feld schreibt es ein Wort mit 4–6 Buchstaben, auch das ist geregelt. Die „Bingo-Meisterin" hebt dann vom Stapel einen Buchstaben nach dem anderen und zeigt ihn vor bzw. nennt ihn laut. Die Mitspieler unterstreichen oder unterpunkten in ihren Wörtern die genannten Buchstaben, die bereits gezogen wurden. Wer als erster alle Buchstaben aller Wörter unterpunktet hat, ruft „Bingo". Sein Blatt wird kontrolliert. Ist alles richtig, wird er Bingomeister des nächsten Durchgangs. Dieses Spiel kann bei Vorgabe einer Wörterliste, aus der ein Wort herausgesucht werden kann, bereits im ersten Schuljahr gespielt werden.

Wörterbildungsspiel

Die oben genannten Buchstabenkärtchen sind schließlich auch noch für ein Wörterbildungsspiel zu gebrauchen. Allerdings macht das Spiel mehr Spaß, wenn die Karten größer sind und den Kindern umgehängt werden können. Dazu wird zunächst eine Kindergruppe (4–6 Kinder) vor die Tür geschickt. Die übrigen Kinder einigen sich auf ein Wort mit passender Buchstabenanzahl und hängen danach den hereingerufenen Kindern die entsprechenden Buchstabenkarten um. Diese müssen sich orientieren, beraten, und wenn sie herausgefunden haben, welches Wort sie bilden können, stellen sie sich in die richtige Reihenfolge. Als zusätzlicher Anreiz kann dazu eine Stoppuhr laufen.

Anlautspiel

Zu manchen Fibeln gibt es ein Anlautspiel. Auch solch ein Spielplan als ABC-Schlange ist selbst herzustellen. Auf ein Spielfeld, das eventuell wie eine eingedrehte Schlange angelegt wird, werden etwa 50 Felder gezeichnet, in denen jeweils ein Buchstabe geklebt oder gezeichnet ist. Es wird dann gewürfelt, und die Kinder ziehen nach Augenzahl voran. Zum Buchstaben des Feldes, auf das sie kommen, müssen sie ein Wort nennen, das so anlautet. Fällt ihnen keines ein, müssen sie auf ihr Ausgangsfeld zurückgehen. Dabei läßt sich eingrenzen und variieren, aus welchem Bereich die Wörter sein müssen, z. B. Vornamen, Tiernamen, alles, was man in der Freizeit tun kann, usw.

Streichholz-Wörter

Wenn einige Streichholzschachteln in der Klasse als Spielangebot liegen, können die Kinder in einer

Wörterbildungsspiel

Tischgruppe im Wettbewerb oder ohne Wettbewerb in einer Partnergruppe bei Verwendung je einer Streichholzschachtel aus den Streichhölzern Wörter legen. Dabei können verschiedene Spielregeln angewandt werden, z. B. daß nur eine bestimmte Wortart gelegt werden darf, daß die Wörter bestimmte Buchstaben nicht enthalten dürfen. Auch durch die Bewertungspunkte kann der Schwierigkeitsgrad und der Spielanreiz gesteuert werden, z. B. indem die Punktzahl sich aus der Multiplikation von Buchstabenanzahl und der gelegten Wörteranzahl ergibt.

Zeitungswörter

Ein einfaches Arbeitsmittel ist die Tageszeitung. Aus ihr können die Kinder in Gruppen in zeitlichem Limit bestimmte Zeitungs-Wörter suchen. Auch dies kann unter verschiedenen Aspekten erfolgen, z. B. nach Wortarten, unter Buchstabenaspekt (Wörter, die mit „b" beginnen), unter rechtschriftlichem Aspekt (Wörter mit Doppelkonsonanten) usw.

Schreibspiele zum ABC

Oft wird für Schreibspiele zum ABC lediglich Papier und Bleistift benötigt. Das beginnt mit dem Ändern der Schreibrichtung: Die Kinder schreiben von rechts nach links oder in Spiegelschrift. Eine Aufgabe könnte auch lauten, das gesamte kleine Alphabet in Schreibschrift ohne abzusetzen in einem Zug zu schreiben.

Odd-man-out

Zur Sicherung der ABC-Folge kann man den Kindern mehrere ABC-Reihen geben, bei denen jeweils ein Buchstabe verdreht ist oder fehlt. Kinder kennen Spiele mit sogenannten Kuckuckseiern, im Englischen auch odd-man-out genannt, d. h., es ist ein Wort zu suchen, das nicht zu den anderen paßt. Diese Wörter können nicht nur nach inhaltlichen, sondern auch nach sprachlichen Gesichtspunkten zusammengestellt werden. In der Wörterreihe „Affe – Karte – Marke – Falter" wäre demnach der „Affe" einzukreisen, weil er als einziger kein „r" hat.

Anagramme

Viel Spaß macht es den Kindern, Anagramme herzustellen, also die Buchstaben eines Wortes so umzustellen, daß ein neues Wort entsteht.

Aus LAMPE kann zum Beispiel AMPEL werden. Kinder stellen Buchstaben aber auch gerne so um, daß ein lustiger Phantasiename entsteht. Mit viel Ausdauer erfinden sie Anagramme zu ihren Namen. So könnte aus einem „Hans Dieter Bunk" ein „Kurt Heidenbans" werden oder auch eine „Bertha Keinsaun".

Buchstabensalat

Im umgekehrten Fall wird den Kindern quasi ein unsinniges Anagramm als Buchstabensalat vorgegeben, und die Kinder sollen daraus ein Wort bilden, das im Wörterbuch vorkommt. Zur Hilfe kann angegeben werden, aus welchem Umweltbereich das zu suchende Wort stammen soll: ERTKA ist zum Beispiel ein Tier und FEFAKE ein Getränk. Solch eine Verfremdung können die Kinder sich auch selbst als Partneraufgabe stellen. Sie sollten mit Wörtern beginnen, die nicht mehr als vier Buchstaben haben, denn aus den acht Buchstaben GRUSBIDU den Namen einer deutschen Großstadt zu bilden, ist schon ziemlich schwer.

Versteckte Wörter

Man kann den Kindern auch ein längeres Wort geben, und sie suchen darin versteckte Wörter. In SCHOKOLADENTAFEL könnten sie z. B. ohne Umstellung der Buchstabenreihenfolgen finden: SCHAL, SCHAF, HOF, HANTEL u. a. Wenn die Umstellung der Reihenfolge erlaubt ist, sind natürlich viel mehr Wörter möglich. Zur Übung und Sicherung der Rechtschreibung können die Kinder jedes gefundene Wort im Wörterbuch nachschlagen und die Fundstelle per Seitenzahl notieren.

Vokalspiele

Selbstlaute haben eine wichtige Funktion in unserer Sprache. Dies kann durch Spiele mit Vokalen verdeutlicht werden. Zum einen können Wörter bzw. Sätze ohne Vokale vorgegeben werden (Kinder sehen das z. T. auch als Geheimsprache), die dann „entschlüsselt" aufgeschrieben werden. Zum zweiten können sie Vokale vertauschen, so daß aus einem Druckfehler ein Dreckfuhler und aus einem Hoppelhasen eine Happelhose wird. Und zum dritten können sie im Wörterbuch Wörter suchen, die nur einen oder genau zwei, drei oder vier Vokale haben. Weiteres Angebot, z. B.: Welches Wort hat die meisten „a"? Bei diesen Aufgaben muß allerdings vorher die Zählweise der Umlaute geklärt werden, so daß „ei" nicht mitgezählt wird oder nur als ein Punkt zählt.

Telegramm

Ein Schreibspiel nennt sich Telegramm, weil es um eine stark verkürzte Botschaft geht. Wenn zum Beispiel als Telegramm das Wort „Horst" angekommen ist, überlegen die Kinder, wofür diese Anfangsbuchstaben stehen. Eine Lösung könnte lauten: Heute ordnet Rita süße Trauben. Die Groß- bzw. Kleinschreibung wird dabei vernachlässigt. Leichter fällt es den Kindern, wenn sie die Buchstaben des Telegramms zunächst von oben nach unten schreiben und ihre Wörter dann daneben schreiben können.

Namen-Gitter

Zur Übung verschiedener Schreib- und Leserichtungen kann eine Aufgabe für die Kinder lauten, möglichst viele Namen der Kinder der Klasse oder Tiernamen usw. mit Blockbuchstaben in ein Namen-Gitter einzutragen, so daß die Namen ineinandergreifen und auf dem Karopapier eine Art Kreuzworträtsel entsteht.

		A						
	X	T	O	B	I	A	S	
	L	E	A			N		D
	A	L	E	X	A	N	D	R	A
	L			L		R		G
	E	A		E		E		
		N		X				
C	O	N	S	T	A	N	T	I	N
		A						

Verzaubern

Beim Verzaubern kommt es darauf an, ein Wort durch Tauschen eines einzigen Buchstabens zu verändern. Die Frage, wie die Laus an den Mast kommt, löst sich dann z. B. wie folgt:

LAUS
LAUT
LAST
MAST

Solche Aufgaben mit Wörtern, die aus vier Buchstaben bestehen, können viele Kinder der Klassen 3 und 4 sich auch selbst ausdenken.

Buchstaben-Quadrat

Beim Buchstaben-Quadrat suchen die Kinder Wörter, die zu einem vorgegebenen Buchstaben-Muster passen. Mehr als fünf Kästchen sollten es jedoch nicht sein. Das vorgegebene Muster kann auch aus einem Wort bestehen. Ebenso kann in der ersten und der letzten Reihe dasselbe Wort eingetragen werden, so daß senkrecht Wörter mit demselben Anfangs- wie Endbuchstaben gesucht werden müssen.

A			
	A		
		A	
			A

B			
	U		
		C	
			H

W	A	L	D
W	A	L	D

Buchstabentreppe

Eine Buchstabentreppe ist vergleichsweise leicht zu erstellen, vor allem wenn keine inhaltlich-thematische oder sprachlich-formale (z. B. Wortart) Einschränkung gegeben wird und die Kinder ein Wörterbuch benutzen dürfen. Beispiel:

Als Variante kann die Buchstabentreppe auch als Buchstaben-Pyramide geschreben werden. Dies ist jedoch nur eine optisch andere Anordnung, die Aufgabenstellung ändert sich dabei nicht.

A					
A	B				
A	S	T			
A	F	F	E		
A	N	K	E	R	
A	B	H	A	N	G
A	M	E	R	I	K	A

Unter der Dusche

Beliebt bei Kindern ist das Galgenmännchen-Spiel, das es unter dem Namen „Hangman" auch als kommerzielles Spiel gibt. Beide Spielnamen sind nicht besonders lustig, weshalb wir es in der Klasse umbenannt haben zu „Unter der Dusche". Ein Kind oder eine Gruppe denkt sich ein Wort aus und schreibt für jeden Buchstaben einen Strich an die Tafel. Die anderen Kinder fragen nun: „Kommt ein E (K, L, usw.) darin vor?" Ist der Buchstabe richtig geraten, wird er an die entsprechende Stelle geschrieben. Kommt er nicht im Wort vor, wird ein Strich für eine Figur gezeichnet, die unter der Dusche steht. Ist das Wort mit der zehnten Frage nicht erraten, kommt Wasser aus der Dusche, und die Rater haben verloren, sind „naßgemacht" worden.

Stadt, Land, Fluß

Zu den bekanntesten Schreibspielen gehört wohl „Stadt, Land, Fluß", bei dem die Kinder zu Oberbegriffen Wörter mit demselben, ausgelosten Buchstaben aufschreiben sollen. In niedrigeren Klassen mit entsprechend reduziertem geografischem Vorwissen wird man sinnvollere Oberbegriffe wählen, z. B.: Vorname, Tier, Beruf usw.

Als Variante dazu können die Kinder zu vereinbarten Buchstaben Gegenstände oder Tätigkeiten suchen und aufschreiben, die zu bestimmten Vorgaben passen, z. B. alles, was es im Haus gibt, alles, was mit Bäumen und Pflanzen zu tun hat ...

Dazu wiederum eine Variante wäre die Aufgabenstellung: Schreibe zum ausgesuchten Buchstaben alles auf, was es im Zoo (im Kaufhaus, in der Schule ...) gibt.

Gefüllte Kalbsbrust

Große Anstrengungsbereitschaft, Ausdauer und Kreativität zeigen die Kinder beim Schreibspiel „Gefüllte Kalbsbrust". Es ist schnell erklärt und benötigt keine Vorbereitung, außer Bleistift und Karopapier bereitzulegen. Es ist damit auch ideal für Ad-hoc-Vertretungsstunden. Beim Erklären des Spiels kann man den Namen mit Inhalt füllen und das Wort „Kalbsbrust" einmal von oben nach unten an die Tafel schreiben und einmal daneben mit einem Zwischenraum von unten nach oben. Dazwischen werden nun Buchstaben gesucht, die mit dem vorgegebenen Anfangs- und Endbuchstaben ein Wort bilden, wobei die Anzahl der einzufügenden Buchstaben freigestellt ist. Später wird man ein aktuelles oder jahreszeitliches Wort wählen oder ein Wunschwort der Kinder. Dabei muß man allerdings ein wenig auf den Buchstabenbestand achten und z. B. auf Wörter mit „q" verzichten, weil es kaum Wörter gibt, die damit enden. Beispiel:

H	A	M	M	E				**R**
A		N		K				**E**
U		N	T	A				**T**
S	T	E	I	N	L	A	U	**S**
M		I	E	T	H	A		**I**
E			N		T			**E**
I		R	R	T	U			**M**
S			A		M			**S**
T			O		F			**U**
E			X	T	R			**A**
R				E				**H**

Buchstabenspiele ohne Material

Buchstabenfolge

Die Buchstabenfolge innerhalb des Alphabets kann bei der Einführung der Wörterbucharbeit spielerisch geübt werden. Eine Schülerin fragt: „Wo steht das O?" Schnelle Antwort: „Zwischen N und P." Noch mehr Spaß macht es, wenn die Kinder nach stellvertretenden Wörtern fragen: „Wo steht die Oda?" Antwort: „Zwischen Nursel und Paola."

Ich sehe was, ...

Während der Autofahrt oder auch in einer Gruppe spielt man zum Zeitvertreib manchmal „Ich sehe was, was du nicht siehst, und das ist ..." (nun wird meist eine Farbe vorgegeben). Hier kann als Suchrichtung auch ein Buchstabe oder ein Anlaut angegeben werden: „Ich sehe was, was du nicht siehst, und das beginnt mit /m/."

Zum Üben der Anlaute können auch andere Suchfragen gestellt werden, z. B.:

Ich suche ein H, das fliegen kann.
Ich suche ein Z, das angenehm riecht.
Ich suche ein Z, das sauer schmeckt ... usw.

Abkürzungen

In einem späteren Schuljahr kann man das Anlauten noch einmal am Beispiel Abkürzungen thematisieren. Nach Klärung der Funktion von Abkürzungen und realen Beispielen können Abkürzungen auch verfremdet werden (PKW = Pickelige kleine Würmer), oder die Kinder denken sich eigene Buchstabenkombinationen aus, und eine andere Gruppe muß sagen, was sie bedeutet, z. B. ABC = Advents-Basar-Café.

Als Abkürzungen können auch die Buchstabenkombinationen der Autokennzeichen aufgefaßt werden. Aus den Buchstaben gesammelter Kennzeichen können dann Sätze werden, z. B. DU – SL 802 wird zu: Dienstags untersucht Samson Lakritzschnecken.

Kalter Kaffee

Beim Spiel „Kalter Kaffee", das weiter oben schon genannt wurde, kommt es darauf an, einen Satz mit möglichst vielen Wörtern desselben Anfangsbuchstabens zusammenzustellen. Eine etwas einfachere Variante besteht darin, z. B. im Kreis zu verschiedenen Buchstaben aufzuzählen, was es wo gibt (z. B. auf der Straße, im Kaufhaus …). Die Antwort sollte jeweils aus alliterierendem Adjektiv und Nomen bestehen, z. B. „alte Armbänder, billige Badehosen". Schwirige Buchstaben wie c, qu, x, y werden ausgelassen.

Kofferpacken

Ebenfalls im Kreis spielt man Kofferpacken nach dem ABC. Die erste Mitspielerin packt ein Teil, das mit A anlautet, in den Koffer. Jeder weitere Mitspieler packt eins mit dem jeweils folgenden Buchstaben dazu und wiederholt, was bereits drin ist. Dabei kann diese Aufgabe mit der vorangegangenen kombiniert werden, so daß auch hier jeweils alliterierende Benennungen gemerkt werden müssen, also:

„Ich packe in meinen Koffer eine alte Armbanduhr."
„Ich packe in meinen Koffer eine alte Armbanduhr und einen blauen Ball."
„Ich packe in meinen Koffer eine alte Armbanduhr, einen blauen Ball und eine dicke Dose." usw. (wie oben werden schwirige Buchstaben ausgelassen)

Buchstaben- und Wörterkette

Auch die Buchstabenkette ist ein Kreisspiel. Ein Kind sagt ein Wort. Mit dem Endbuchstaben des Wortes bildet das nächste Kind ein neues Wort, z. B.: „Tiger – Reh – Hamster – Rotfuchs – Seehund – Dackel …" Bei dem Spiel können mehrere Regeln variiert werden, z. B. daß die Wörter aus einem Themenbereich stammen müssen, daß kein Wort wiederholt werden darf, daß man weitergeben darf, daß Parteien gegeneinander spielen usw.

Eine weitere Variante zur Buchstabenkette ist die Wörterkette. Hier werden zusammengesetzte Wörter gebildet. Der letzte Teil eines genannten Wortes muß der erste Teil des neuen Wortes sein, z. B.: „Wiesenblume – Blumenstrauß – Straußenfeder – Federkleid – Kleiderschrank – Schranktür – Türschloß …"

Rätsel

Es gibt eine ganze Reihe von Sprachspielen, die Rätselcharakter haben, z. B.: „Ich sehe was, was du nicht siehst, und das beginnt mit G." Mit Hilfe der Zeitung ist ein „Halbe-Wörter-Rätsel" möglich. Ein Kind schneidet ein Wort aus der Zeitung aus und halbiert es horizontal. Es klebt eine Hälfte auf, und die Partnerin soll ergänzen, wie das Wort wohl hieß. Um den Übungseffekt noch zu vergrößern, kann die Spielregel lauten, daß nur solche Wörter ausgeschnitten und halbiert werden dürfen, die auch im Wörterbuch stehen. Hier kommt dann also noch zur Übung das Nachschlagen im Wörterbuch dazu. Auch gibt es Suchbilder, auf denen die Kinder alle Gegenstände suchen sollen, die mit einem bestimmten Laut anlauten.

Suchrätsel

Mit Buchstabenschablonen, z. B. auch Holzbuchstaben, können die Kinder selbst ein Suchrätsel herstellen. Sie zeichnen damit mehrere Buchstaben im Umriß übereinander, wählen für die Umrißlinie allerdings jeweils eine andere Linienform (durchgezogene Linie, Pünktchenlinie, gestrichelte Linie, Kreuzchenlinie ...) wie bei einem Schnittmusterbogen. Ein Partner muß dann das Rätsel lösen und herausfinden, welche Buchstaben ineinander und übereinander geschlungen sind.

Scharade

Eine Rätselform ist auch die Scharade. Eine Kindergruppe von zum Beispiel fünf Kindern vereinbart geheim ein Wort, das von anderen erraten werden soll, z. B. „Hebel". Jedes Kind spielt nun pantomimisch einen Sachverhalt, Gegenstand oder eine Tätigkeit vor, die von der Klasse erraten werden muß. Die Anfangsbuchstaben der erratenen Wörter ergeben dann das Lösungswort. Zum Beispielwort „Hebel" können die Kinder vor-

gespielt haben: hämmern, essen, Ball, Elefant, laufen. Schwieriger, aber auch interessanter wird die Aufgabe, wenn die Buchstaben nicht in der richtigen Reihenfolge vorgespielt werden, sondern von den Kindern erst zum Lösungswort sortiert werden müssen.

Wörterkisten

Beliebt sind bei den Kindern auch die Buchstabenkästen oder Wörterkisten, die auch von ihnen selbst angefertigt werden können. Dazu nehmen sie ein Rechenblatt mit großem Karomuster, zehn Karos hoch und zehn Karos breit. In dieses Karofeld tragen die Kinder in Blockbuchstaben senkrecht und waagerecht Wörter nach Wahl ein, die sich kreuzen dürfen und sollen. Die restlichen Karofelder werden mit beliebigen Buchstaben gefüllt. Ein anderes Kind löst die Rätselaufgaben durch Übermalen oder Aufschreiben der Wörter. Zur Erleichterung können die zu suchenden Wörter neben das Rätsel geschrieben werden. Um eine Rätselkiste mehrfach für verschiedene Kinder nutzen zu können, sollte sie nach der Herstellung zunächst einige Male kopiert werden. Sie kann dann auch für Freiarbeitsphasen als Angebot parat liegen.

Scherzfragen

Schließlich gibt es auch Rätsel, die sich ganz eng auf die Sprache beziehen, weil es um Buchstaben geht und sie nur zu lösen sind, wenn man genau in die Wörter hineinhört oder -sieht. Zum Beispiel:

> Sprachspiele als Ideogramme oder in der Rebusart, wie
> fel   fel   (= Zweifel)   N8 (= Nacht)
> oder auch als Scherzfragen:
> Was ist zwischen Tag und Nacht? (und)
> Womit fängt der Tag an und hört die Nacht auf? (t)
> Welches Laub wächst nicht am Baum? (Urlaub)
> Was ist beim Riesen groß und beim Zwerg klein? (R)
> Welches Brot ißt man nicht zum Frühstück? (Abendbrot)

Diese sprachlichen Rätsel werden von Kindern auch gerne wiederholt gelöst. Oft verstehen sie sie letztlich auch erst beim nochmaligen Lesen. Man findet solche Rätsel in Kinderzeitschriften, -büchern und kann sie auf Karteikarten sammeln. Die Kinder greifen in Freiarbeitsphasen immer wieder gerne dazu, zumal wenn die Kartei mit der Zeit kontinuierlich wächst.

Der Kaiser von China

Ein Sprachspiel mit Rätselcharakter ist auch „Der Kaiser von China". Die Lehrerin stellt seine Eigenschaften vor, z.B.: „Der Kaiser von China mag Tee, aber keinen Kaffee. Er mag Rote Beete, aber keine gelben Rüben. Er mag Rettich, aber keinen Porree", usw. Er mag also nur etwas, worin ein „t, T" vorkommt. Die Kinder, die glauben, das Rätsel zu kennen, sagen dann selbst einen Satz. Wenn er richtig ist, dürfen sie – eventuell mit Hilfe der Lehrerin – weitermachen. Wenn viele Kinder die Lösung kennen, wird sie öffentlich gemacht, und einige Tage später wird ein neues Rätsel gestellt. Was der Kaiser mag, muß sich übrigens nicht nur auf Eßbares beziehen. Durch diese Erweiterung wird das Spiel bedeutend einfacher.

5. Gestaltungen und Aktionen zum ABC

Sicherlich liegen beim Thema ABC sprachliche und sprach-spielerische Arbeits- und Darstellungsweisen nahe. Doch es ergeben sich auch viele Anwendungsmöglichkeiten pragmatischer oder ästhetisch-dekorativer Art mit verschiedensten Materialien und Arbeitsweisen.

ABC aus Papier und Farbe

Fensterbilder

Fensterbilder werden meist aus festerem Kartonmaterial als Stützform und durchscheinendem Transparentpapier hergestellt. Bei interessanten Umrissen, die für sich wirken, bestehen sie oft auch nur aus Karton. Seit einiger Zeit sieht man solche Fensterbilder in allen möglichen Ausführungen und Themenstellungen geradezu als Modeerscheinung. Aus unterschiedlichen Anlässen bieten sich auch die Buchstaben des Alphabets als

dekoratives Element für die Klasse an und gleichzeitig als Anregung für eine Beschäftigung in der Freizeit, zum Herstellen eines Geschenks oder zur Gestaltung des eigenen Zimmers.

Eine einfache, aber wirksame und für die Kinder wichtige Art der Fenstergestaltung besteht darin, die Namen der Kinder an die Scheiben zu kleben. Mit Hilfe von Pappschablonen werden dazu die Buchstaben der Kindernamen auf farbiges Tonpapier oder Transparentpapier übertragen und dann ausgeschnitten. Als Schablone können auch acht bis zehn Zentimeter hohe Holzbuchstaben benutzt werden, die es fertig zu kaufen gibt und die auch für andere Zwecke zu gebrauchen sind.

Die ausgeschnittenen Buchstaben werden mit Tapetenkleister zu den Kindernamen zusammengesetzt und an die Fensterscheiben collagiert. Dies hat, im Gegensatz zur Befestigung mit Klebestreifen, den Vorteil, daß beim Entfernen und beim Fensterputzen keine häßlichen Rückstände bleiben, die zeitaufwendig abgekratzt werden müssen. Die Kinder sind sehr stolz, für längere Zeit ihren Namen am Fenster dokumentiert zu sehen.

Genauso können die beiden weiteren Fensterbild-Varianten angebracht werden: Bei der ersten werden quadratische Rahmen aus Tonpapier geschnitten oder aus Tonpapierstreifen geklebt. Als Hintergrund wird farbiges Transparentpapier geklebt und darauf wird jeweils ein Buchstabe aus Tonpapier geklebt, der dann als Umriß auf dem durchscheinenden Papier erscheint.

Bei der zweiten Variante wird zu einem Buchstaben aus Tonpapier ein Gegenstand geklebt, dessen Name eben mit diesem Buchstaben beginnt. Buchstaben und Gegenstände können vollflächig aus Tonpapier hergestellt werden, aber auch nur als Umriß, so daß die Innenflächen aus Transparentpapier geklebt werden.

Spritzbilder

Die gleichen Buchstabenschablonen, die für die Fensterbilder benutzt wurden, sind auch für Spritzbilder geeignet. Dabei wählen die Kinder einen oder mehrere Buchstaben ihrer Wahl und legen sie auf ein Blatt des Zeichenblocks. Sie nehmen dann mit einer Zahnbürste Farbe aus dem Wasserfarbkasten auf und spritzen diese auf das Blatt. Wo die Schablonen lagen, bleibt das Blatt weiß. Mit etwas Geschick gelingt dies, wenn man mit dem Finger über die Borsten fährt. Einfacher ist es, wenn man die Bürste über ein Sieb streicht. Die Kinder sollten hier selbst experimentieren können, indem sie die Farbe verschieden intensiv auftragen, mehrere Farben übereinanderspritzen und die Schablonen zwischendurch verschieben usw. Diese Spritzbilder üben das Gestalten mit Formen und Farben, können aber auch einen ganz praktischen Sinn haben, wenn z. B. Schreibmaschinenpapier durch Aufspritzen eines Monogramms zu ganz persönlichem Briefpapier umgestaltet wird.

Muster-ABC

Zu den Standardaufgaben in der Grundschulgeometrie gehört das Herstellen von Parkettmustern. Rechenpapierkästchen werden mit verschiedenen Farben in regelmäßigen Mustern ausgemalt. Diese Aufgabenstellung fordert logisches Denken und fördert die Freude an Regelhaftigkeit und ästhetischer Gestaltung.

Das Herstellen von Parkettmustern kann unter ähnlicher Zielsetzung auch mit der Arbeit am ABC verbunden werden. Mit Hilfe von Schablonen werden etwa zehn Zentimeter hohe Buchstaben auf Rechenkästchenpapier gezeichnet, besser noch: Die Lehrerin zeichnet alle Buchstaben als Kopiervorlage auf Rechenkästchenpapier. Bei der Form der Buchstaben sollten eckige Formen gewählt und Schrägen als Kästchendiagonalen gezeichnet werden. Wenn als Breite der Buchstaben drei Kästchen gewählt wird, können die Kinder die Kästchen mit drei verschiedenen Farben ausmalen, wobei der Färberhythmus jeweils eine Reihe tiefer um ein Kästchen versetzt wird. So entstehen regelmäßige Farbtreppen, die auch in Schrägen fortgesetzt werden können. Die Aufgabenstellung hört sich leicht an, führt aber bei den Schrägen und bei Übergängen verschiedener

Buchstabenteile zu erheblichen Problemen und ist daher allenfalls für Kinder ab dem dritten Schuljahr geeignet. Es empfiehlt sich, den Kindern die Beschränkung auf drei Farben vorzugeben, ihnen die Wahl der Farbzusammenstellung aber freizustellen. Die Kinder wählen mit großer Sicherheit Farben, die zusammen ein harmonisches Bild ergeben. Man kann das Erstellen der verschiedenen Buchstaben des Alphabets auch arbeitsteilig durchführen, so daß jedes Kind mit einem Buchstaben zu einem ABC-Poster beiträgt, zu dem alle Buchstaben zusammengestellt werden.

Als mehr grafische Übung kann das Muster in den Buchstaben auch schwarzweiß angelegt werden. Die Kinder überlegen sich also drei Strichmuster (z. B. waagerechte Linien, senkrechte und Punkte) und wiederholen diese. Für diese Variante empfiehlt sich ein etwas größeres Karomuster.

ABC-Figuren

Kinder lieben es, sich zu verkleiden, in eine andere Rolle zu schlüpfen, etwas zu verwandeln, zu verändern. Dieser Neigung kommt die Aufgabe entgegen, Buchstaben zu Figuren umzuformen. Die Kinder sprechen von „Buchstabenmännchen", auch wenn sie weibliche Figuren gestalten.

Zuerst wird ein Buchstabe deutlich farbig angelegt. An die Buchstabenform werden dann die fehlenden vermenschlichenden Teile, also Kopf, Hände, Füße gezeichnet. Bei einigen Buchstaben bieten sich solche Verformungen geradezu an, bei anderen finden die Kinder meist ganz eigenwillige, überraschende Lösungen. Wenn die Figuren in gleichen Formaten gearbeitet werden, können sie anschließend als Gemeinschaftsarbeit zu einem Poster zusammengestellt werden. Bei einem dritten oder vierten Schuljahr ist zum Beispiel als gemeinsames Arbeitsformat die Postkartengröße (DIN-A6) gut geeignet.

Buchstaben verändern

Diese Aufgabenstellung erweitert die vorige; es ist nicht festgelegt, daß aus dem Buchstaben ein „Männchen" wird, sondern die Kinder können ihrer Phantasie freien Lauf lassen. In der Art der Reizworttexte geht bei dieser Gestaltungsaufgabe der Reiz von einem Buchstaben aus, der auf einer leeren Seite steht (er ist entweder vorgegeben, oder er darf frei gewählt werden; eventuell dürfen es auch zwei Buchstaben sein).

Dieses Spannungsverhältnis verlangt nach einer Lösung, indem die Leere gefüllt, der Buchstabe in eine neue Ganzheit eingebunden wird. So ergänzte ein Kind das „F" zu einem Fensterkreuz, malte ein Haus und einen Garten dazu; ein anderes Kind führte das „M" als Gebirgskette weiter; das „W" wurde zu den Zähnen eines Hais, tauchte aber auch als Zacken im Rückenkamm eines Drachen auf; das „Q" fand sich im Körper und im Fuß einer Eule wieder.

Aus dieser Aufgabenstellung entwickelte sich ein anderes Sehen der Umwelt, denn die Kinder entdeckten nun plötzlich überall versteckte Buchstabenformen in den Gegenständen ihrer Lebenswelt.

Initialen

Die Themen „Buchstaben" und „Drucken" liegen eng beieinander, und beide gehören zum Standardprogramm der Grundschule. Buchstaben können in verschiedenen Techniken gedruckt werden. Je nach der gewählten Zielrichtung liegt der Schwerpunkt im technischen, sprachlichen oder ästhetisch-gestalterischen Bereich. Gedruckt werden kann z. B. mit Kartoffelstempeln, mit Stempeln aus Pappe, aus Moosgummi, Styropor und anderen Materialien. Die Buchstaben können übereinander, ineinandergeschachtelt gedruckt werden, einfarbig oder in mehreren Farben, z. B. in Komplementärfarben. Es kann eine Rhythmisierung vorgegeben

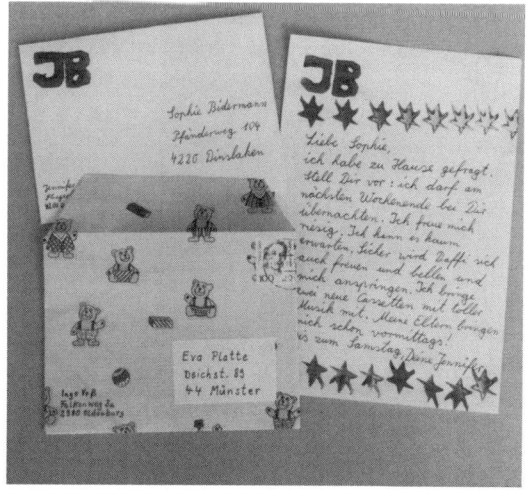

werden, wie etwa bei den Themen „Buchstabenwellen" oder „Buchstabenkreise".

Das Drucken der Buchstaben kann aber auch einen sehr praktischen Sinn haben, wenn in den Kopf einfarbiger Papierbögen Initialen gedruckt werden und somit sehr persönliches Briefpapier entsteht; auch die Umschläge können mit Initialen bedruckt werden. Mit Kartoffelstempeln läßt sich eine größere Anzahl an Bögen bedrucken. Dabei können die Kinder untereinander auch die Stempel austauschen.

Auch dies ist wieder eine Aufgabe, die im Freizeitbereich weitergeführt und variiert werden kann, z. B. durch das Herstellen von Briefpapier zum Verschenken, Gestalten von Geschenkanhängern usw.

Initialen entstanden als Verzierungen in den ersten lateinischen und irischen Schriften, wurden auch nach Gutenberg in Druckwerken weitergeführt, hier oft nachträglich als Unikat in Handarbeit eingesetzt. Es liegt nahe, Kindern diese Zierform näherzubringen und sie bei schriftlichen Arbeiten mit dekorativem Anspruch zu verwenden. Nach isolierten Übungen zu einzelnen Buchstaben mit Tusche, Füller oder Filzstiften können die Kinder die Initialen in einem Kurztext verwenden, der besonders schön für den Aushang oder ein Schriftenbuch zusammengestellt wird.

ABC-Collage

Zeitungen, Zeitschriften, Prospekte, Plakate sind eine Fundgrube und ideales Spielmaterial für ABC-Collagen in allen Schuljahren. Mit ausgeschnittenen Buchstaben können im ersten Schuljahr große Umrisse von Buchstaben oder Umrißzeichnungen zu den Anlautbildern aufgeklebt werden. Es können später Namen und ganze Texte mit Buchstaben aus Zeitungen geklebt oder eigene Plakate gestaltet werden. Die bunten ausgeschnittenen Buchstaben können zu einer Buchstabenschlange collagiert werden, die sich durch einen gemalten grünen Dschungel schlängelt.

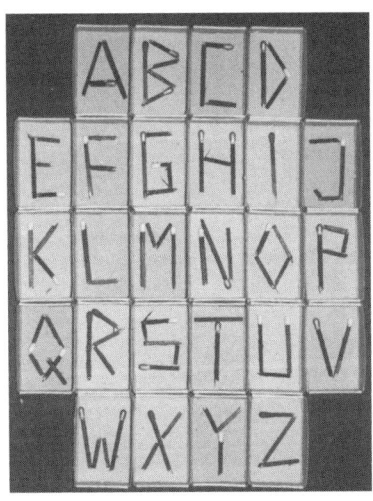

Wer längere Zeit eifrig Streichholzschachteln sammelt, kann eine Art Buchstaben-Setzkasten erstellen lassen. Auf eine Pappe werden dann fünfmal fünf Schublädchen eng aneinander geklebt. In die Schubläd-

chen werden nach der alphabetischen Reihenfolge ausgeschnittene Buchstaben geklebt (für X und Y bleibt nur ein gemeinsames Schublädchen).

Weitere Anregungen finden sich im Kapitel zu den sprachlichen ABCs, insbesondere auch die Hinweise zu eigenen ABC-Büchern und Leporellos, die sich praktisch mit allen obigen Anregungen zu den ABCs aus Papier und Farbe kombinieren lassen.

ABC aus Pappe

ABC-Mobile

Es gibt verschiedene Arten von Mobiles: einfache, bei denen Gegenstände z. B. nur an einem Ast auf unterschiedlicher Höhe aufgehängt sind, und aufwendige, bei denen die Gegenstände mit ihren unterschiedlichen Gewichten an verschieden langen Waagearmen kompliziert ins Gleichgewicht gebracht werden. Gemeinsam ist ihnen, daß sie ein schöner Raumschmuck sind, der bei mehr oder weniger starkem Luftzug in Bewegung gerät.

Ein einfaches ABC-Mobile kann aus Karton hergestellt werden. Dazu eignet sich als Basis die Bodenpappe eines DIN-A3-Malblocks. Aus dieser Pappe können zwei ca. 30 cm große Buchstaben geschnitten werden. Wenn jedes Kind der Klasse einen anderen Buchstaben schneidet, ist bald ein ganzes Alphabet komplett. Die Buchstaben werden beidseitig, z. B. mit Abtönfarbe gestrichen. Ein Faden wird befestigt, wobei bei einigen Buchstaben etwas ausprobiert werden muß, bis sie im Gleichgewicht sind und waagerecht hängen. Die Buchstaben können auf unterschiedlicher Höhe an einem Gymnastikreifen befestigt werden, und dieser wird in der Nähe des Fensters aufgehängt. Bei der Farbgestaltung sollte mit reduzierter Farbpalette gearbeitet werden, damit nicht so sehr die Buntheit wirkt, sondern auch noch die Buchstabenformen. Ein Buchstaben-Mobile mit den drei Grundfarben Rot, Blau und Gelb wirkt z. B. sehr ansprechend.

ABC-Puzzle

Jedes ABC-Motiv, eine Anlauttabelle, ABC-Bilder, ABC-Poster usw. können auf Karton aufgezogen und dann zerschnitten werden, um wieder zusammengepuzzelt zu werden.

Ein ABC-Puzzle könnte auch von einer höheren Klasse in Gemeinschaftsarbeit hergestellt und einem ersten Schuljahr geschenkt werden. Für ein solches Puzzle können etwa 20 cm große Buchstaben auf Plakatkarton gezeichnet und dann ausgeschnitten werden. Für die Buchstaben des gesamten Alphabets sollten etwa vier verschiedenfarbige Plakatkartons gewählt werden, also etwa sechs Buchstaben pro Farbe, damit der

Schwierigkeitsgrad beim Zusammensetzen nicht zu groß ist. Jeder Buchstabe wird in drei bis sechs Teile geschnitten, wobei schräge und geschwungene Schnittflächen das Zusammensetzen erleichtern. Das Arbeiten mit dem Puzzle wird ferner durch eine übersichtliche Ordnung erleichtert. Dazu wird z. B. ein Pappkreuz in einen Karton geklebt, und die Puzzleteile werden je nach Farbe in die vier Fächer eingeordnet.

So ein Puzzle hat einen Sinn für Kinder, die die Buchstaben bereits kennen, weil sie antizipierend arbeiten können und durch das richtige Ergebnis bestätigt werden, aber auch für Kinder, die noch nicht alle Buchstaben kennen, denn sie müssen besonders auf die passenden Formen, Schnitte und Anschlüsse achten.

ABC-Memory

Bereits die Kinder des ersten Schuljahrs kennen Memory-Spiele, und sie beherrschen das Spiel oft besser als Erwachsene. Solche Memorys sind leicht selbst herzustellen. Perfekter werden sie sicherlich, wenn sie von einem dritten oder vierten Schuljahr für eine erste Klasse hergestellt werden.

Als Spielkarten werden gleich große Quadrate aus Plakatkarton geschnitten (es gibt aber auch Lehrmittelverlage, die solche leeren Kärtchen als Halbfertigfabrikate vertreiben). Beim Memory-Spiel kommt es darauf an, daß unter den verdeckt liegenden Karten zwei zueinander passende Motive gesucht werden müssen. Solche Motivpaare lassen sich im ABC-Bereich gleich mehrfach finden und erstellen, z. B.:

Gleicher Buchstabe – gleicher Buchstabe (eventuell in anderer Farbe),
Großbuchstabe – passender Kleinbuchstabe,
Buchstabe – passendes Anlautbild,
Anlautbild – Anlautbild,
Anlautbild – Schriftbild (Name des Anlautbildes),
Druckbuchstabe – Schreibschriftbuchstabe usw.

Die Buchstaben, die Wörter und die Bilder können selbst geschrieben oder gemalt werden. Sie können jedoch auch in den Printmedien gesucht, dann ausgeschnitten und aufgeklebt werden.

ABC-Domino

Ein eigenes ABC-Domino ist ähnlich herzustellen wie ein Memory. Auch hier gibt es vorgefertigte Pappkärtchen zu kaufen, wenn man sie nicht selbst schneiden will. Bei den Domino-Kärtchen eignen sich ähnliche Motive wie bei den Memory-Karten. Es muß nur darauf geachtet werden, daß genug Anlegemöglichkeiten geschaffen sind. Gut eignen sich hier auch ausgeschnittene Buchstaben, weil bei aller Gleichheit, die für das Anlegen gebraucht wird, eine große Mannigfaltigkeit gefunden wird in Farbe, Schrifttypus und Größe.

Ebenso kann auch ein Dominospiel mit ganzen Wörtern erstellt werden, wobei die Regel besteht, daß das anzulegende Kärtchen mit dem Buchstaben beginnt, mit dem das liegende aufhört.

ABC-Quartett

Was für Memory und Domino gesagt ist, gilt auch für das ABC-Quartett: Es gibt vorgefertigte Karten, und die Karten werden funktioneller, wenn sie von größeren Kindern für kleinere hergestellt werden. Zum Quartett können z. B. zusammengestellt werden:

- Vier Anlautbilder (also vier gemalte Gegenstände, die mit demselben Buchstaben anlauten),
- vier Wortbilder mit gleichem Anfangsbuchstaben,
- vier Buchstaben (zu einem Buchstaben jeweils die Druckschrift- und die Schreibschriftfassung in Groß- und Kleinschreibung).

Mit den Quartettkarten kann auch nach Memoryregeln gespielt werden; sie können auch für ein Schnipp-Schnapp-Spiel verwendet werden.

ABC aus verschiedenen Werkstoffen

Viel zu selten arbeiten wir in der Schule mit der Hand, und wenn, dann meist nur mit Schere und Papier. Dabei gibt es eine Reihe anderer Werkstoffe, mit denen man gefahrlos auch in der Grundschule arbeiten kann, die Beziehung zur Lebenswelt der Kinder haben, die andere Materialerfahrungen ermöglichen und neue Handfertigkeiten und Werkzeugkenntnisse ausbilden.

Textile ABC

Seit Jahrzehnten gibt es in den meisten Bundesländern kein Unterrichtsfach „Weibliche Handarbeiten" mehr. Seit dieser Zeit sollte es normal sein, daß Jungen und Mädchen im Bereich textiler Gestaltung gleichermaßen gefördert werden. In der Unterrichtsrealität ist es aber eher so, daß beide im Laufe der Zeit gleichermaßen weniger gefördert wurden. Dabei steht es außer Frage, daß es für Jungen wie Mädchen wichtig ist, sich ein bißchen mit Stoff, Nadel und Faden auszukennen. Die reinen Fertigkeiten können dabei u. a. auch bei dekorativen Arbeiten im Themenbereich Alphabet geübt werden.

Buchstaben-Applikationen

Für Applikationen werden zwei verschiedene Stoffe benötigt: ein größeres Stück Stoff als Untergrund und eines, das appliziert wird. Zum besseren Unterscheiden wird man verschiedene Stoffarten wählen, hier z. B. ein unifarbiger Untergrund und ein andersfarbiger oder gemusterter Stoff zum Applizieren. Eine Buchstaben-Applikation eignet sich besonders gut für eine Gemeinschaftsarbeit. Jedes Kind stellt ein Teil für den gemeinsamen Wandbehang her.

Zu Beginn sucht jedes Kind sich ein Stück Stoff aus; je kleiner es gemustert ist, desto eindeutiger wirkt das Ergebnis. Dann stellt es in Originalgröße, z. B. 20 cm hoch, aus Papier einen Musterbuchstaben her. Das Muster wird mit Filzstift als Umriß auf den Stoff übertragen und der Buchstabe dann ausgeschnitten. Den Buchstaben nähen die Kinder dann auf den Untergrund. Die Technik des Einfädelns und Nähens sollte einmal vorgemacht werden. Die Kinder wählen von sich aus gerne einen sogenannten Vorstich, aber auch ein Knopflochstich sollte ihnen gezeigt werden, der für andere Arbeiten ebenfalls geeignet ist und das Ausfransen verhindert.

Die einzelnen Buchstaben-Applikationen können zu einem Wandbehang zusammengenäht werden, wobei allerdings ein Elternteil oder der Lehrer helfen muß. An einem Holzstab kann der Wandbehang aufgehängt werden.

Flachstich-Buchstaben

Für erste Stickübungen eignen sich besonders Pappkarten, auf denen Muster im Flachstich gestickt werden. Die Sticktechnik wird den Kindern einmal vorgestellt. Sie können dann an einem vorgefertigten Muster üben.

Anspruchsvoller ist es, mit den Kindern auch erst einmal das Buchstabenmuster zu entwickeln. Dazu wird auf ein vorgegebenes Format, z. B. 12 cm hoch, der Buchstabe entworfen, der in etwa einer Rechteckform angepaßt ist. In regelmäßigen Abständen von etwa 7–10 mm werden Punkte eingezeichnet, durch die später die Stickfäden gezogen werden.

Dieses Muster wird auf etwa 180 g starken Karton gelegt, der wiederum auf einer weichen Unterlage liegt, z. B. einer Filzmatte. Mit einer Nadel – hier eignet sich aus Sicherheitsgründen besonders eine sogenannte Pricknadel mit einem festen Griff – werden die Punkte des Musters auf den Stickkarton gestochen. Dann sticken die Kinder mit einem dickeren Woll- oder Baumwollfaden im Flachstich die Buchstabenkontur nach. Die einzelnen Buchstaben können wieder zu einer Gemeinschaftsarbeit zusammengestellt werden. Die Kinder können für ihr Zimmer ihre eigenen Initialen sticken, um sie dort aufzuhängen. Bei entsprechend fortgeschrittener Fertigkeit können die Kinder später natürlich mit Flachstichtechnik auch auf Stoff sticken.

Kreuzstich-Buchstaben

Kreuzstich-Alphabete als Mustertücher auf feinem Leinen gefertigt, galten früher als Nachweis geschickter Handfertigkeit. In einfacher Art können auch Grundschulkinder Kreuzstich-Buchstaben sticken. Benötigt werden dazu grober Stoff oder Stramin und ein dickerer Faden. Nachdem den Kindern die Sticktechnik erklärt wurde und sie den Zusammenhang zwischen Vorlage und Ergebnis erkannt haben, können sie ihren ersten Buchstaben auf kariertem Papier selbst entwerfen. Bei verteilten Buchstaben können die fertigen Arbeiten wieder als Gemeinschafts-ABC präsentiert werden.

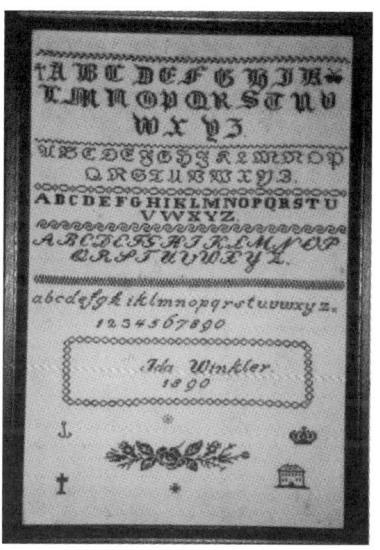

ABC aus Styropor

Styropor ist ein preiswert zu beschaffendes Material. Es ist mit einem Messer, einer Laubsäge oder einem elektrischen Styroporschneider leicht zu bearbeiten, wobei das Schneidegerät besonders zu empfehlen ist, weil es spezifische Material- und Werkzeugerfahrungen ermöglicht und die Kinder feststellen können, daß Styropor durch Wärme bearbeitet werden kann. Außerdem kostet ein Styroporschneider heute in der Anschaffung

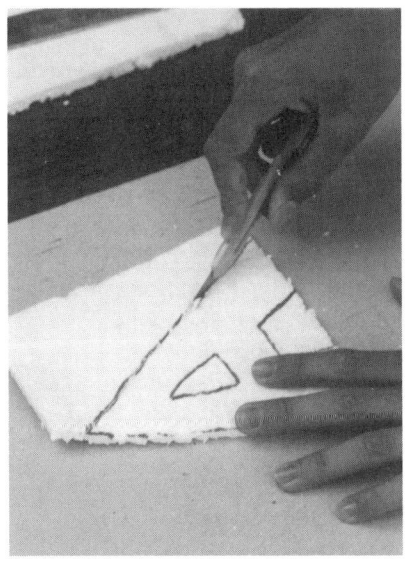

nur noch wenige Mark und kann für vielfältige Themenstellungen gebraucht werden.

Zum Herstellen von Buchstaben eignen sich 15 oder 20 mm dicke Styroporplatten. Zunächst werden die Buchstaben in der verabredeten Größe (z. B. 20 cm hoch) auf Papier entworfen, dann ausgeschnitten und mit Filzstift auf das Styropor übertragen.

Die ausgeschnittenen Buchstaben können dem ersten Schuljahr zur Verfügung gestellt werden. Die Kinder können sie auch als Initial in ihr Zimmer hängen; es kann ein Schriftzug, eine Beschriftung erstellt werden, oder die Buchstaben werden als Gemeinschaftsarbeit zu einem Alphabet zusammengestellt.

ABC aus Holz

Früher hatte fast jeder Junge seine Laubsäge; heute können nur wenige Kinder noch damit umgehen, die meisten kennen das Werkzeug nicht einmal. Hier liegt eine Chance und Aufgabe der Schule, koedukativ Material- und Werkzeugkenntnisse zu vermitteln. Dabei ist das Herstellen von Buchstaben aus ca. 4 mm starkem Sperrholz fast das ideale Einstiegsthema, besonders, wenn durch geschicktes Buchstabendesign die Möglichkeit besteht, unkomplizierte, weitgehend gerade Sägeschnitte vorzusehen.

Die Buchstaben werden auf Papier ca. 12 cm groß entworfen, auf das Holz übertragen (entweder durch Pauspapier oder durch den ausgeschnittenen Buchstaben als Schablone). Die Sägetechnik, das Wechseln der

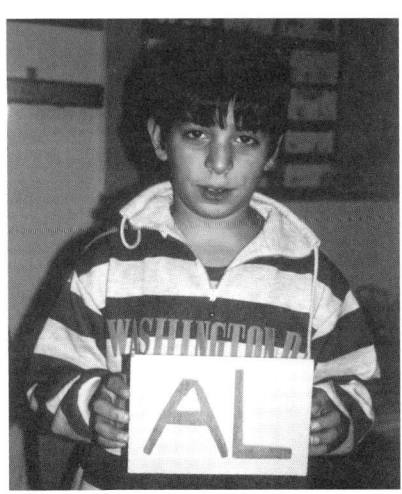
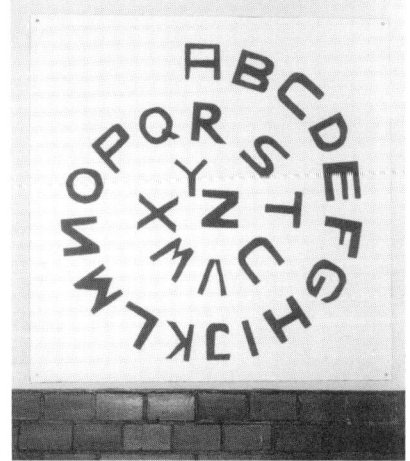

Sägeblätter, der Umgang mit Schleifpapier müssen erklärt und vorgemacht werden. Je nach weiterer Verwendung können die Buchstaben anschließend noch farblos lackiert, lasiert oder gestrichen werden. Beim abgebildeten Beispiel wurden sie als ABC-Spirale auf einer weißen Holzplatte aufgeleimt, die nun den Schulflur ziert.

Bei einer anderen Aufgabenstellung haben die Kinder die Initialbuchstaben ihres Vor- und Nachnamens ausgesägt, angemalt und auf eine Holzplatte geleimt. Hinten wurde ein Aufhänger montiert. So entstand ein dekoratives Teil für ihr Zimmer oder ihre Zimmertür.

Eine weitere Variante bestand darin, die weiter oben beschriebenen Buchstabenfiguren, statt zu malen nunmehr in Holz anzufertigen, sie anzumalen und ebenfalls mit Aufhängern zu versehen.

Gegenstand-Laut-Kombinationen

Es kann auch ein ABC aus verschiedenen Materialien und Gegenständen hergestellt werden, wobei der Anlaut der Gegenstände identisch ist mit dem daraus hergestellten Buchstaben, so daß zum Beispiel der Buchstabe „F" aus Federn geklebt wird. Dies bedarf jedoch guter Planung und dauert einige Zeit. Wenn man bei allen Buchstaben das gleiche Format wählt, erhält man schließlich aber auch eine besonders eindrucksvolle ABC-Gemeinschaftsarbeit. Für die Buchstaben eignen sich folgende Gegenstände und Materialien:

A: Ast, Armbänder
B: Bonbons, Blätter, Blumen, Bohnen, Briefmarken
C: Chips
D: Deckel, Dominosteine, Dreiecke
E: Erbsen
F: Federn
G: Geld, Gras, Gummibärchen
H: Haare, Holz, Herzchen
I: Illustriertentitel, Igel (z. B. als Foto oder aus Salzteig)
J: Johannisbrotschoten
K: Knöpfe, Kieselsteine, Korken, Kämme
L: Legosteine, Linsen, Luftballons
M: Milchdöschen, Murmeln
N: Nägel, Nüsse, Namensschildchen

O: Orangenschalen
P: Pfennige, Pfefferkörner, Plastik
Q: Quadrate
R: Radiergummis, Rinde, Ringe, Rosinen
S: Seil, Stoff
T: Tüten, Teppichbodenstücke, Teebeutel
U: Uhren(bilder)
V: Verschlüsse
W: Wolle
Z: Zollstock, Zweig, Zwiebelschalen

ABC aus weiteren Materialien

Eine Reihe weiterer Materialien eignet sich einerseits zum Thema ABC wie auch zur Arbeit mit Grundschülern:

o Aus Draht, z. B. Silberdraht, können Buchstaben gebogen werden. Schreibschriftwörter können meist in einem Zug aus einem Stück Draht geformt werden. Bei Einzelbuchstaben ist es einfacher, statt Draht Pfeifenputzer zu nehmen.
o Buchstaben können aus verschiedenen Massen geformt werden, z. B. aus Fimo, Salzteig oder auch aus Pappmachébrei.
o Besonders materialgerecht können Buchstaben aus Ton geformt werden. Sie können als kompakte Buchstaben aus einer ausgewalzten Tonplatte ausgeschnitten werden. Anspruchsvoller ist es, eine Grundplatte (ca. 15 bis 20 mm dick) aus Ton auszuwalzen (etwa 15 cm im Quadrat). Darauf formen die Kinder den jeweiligen Buchstaben. Sie schneiden dazu Streifen von einer Tonplatte ab, walzen sie rund, formen ihren Buchstaben und montieren ihn mit Schlicker sauber „vernäht" auf der Grundplatte. Nach dem Schrühbrand können Buchstabe und Grundplatte verschiedenfarbig glasiert werden.

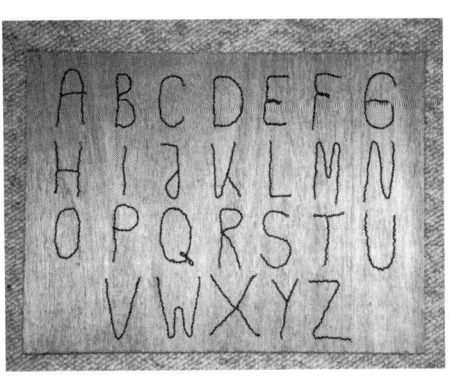

o Buchstaben können auch in Gips gekratzt oder geschnitten werden. Dazu wird in einen kleinen Karton, der vorher intensiv gefettet wurde, Gipsbrei eingegossen. Nach einigen Tagen wird der

Karton entfernt. Die Gipsplatte wird mit Plakafarbe (oder Abtönfarbe) gestrichen. Dann wird ein Buchstabe aufgezeichnet und mit einem Nagel oder einem Schraubendreher einige Millimeter tief ausgekratzt.

Es besteht aber auch die Möglichkeit, genau umgedreht zu arbeiten, d. h. den Buchstaben plastisch stehen zu lassen und die Umgebung wegzukratzen.

Eine Variante dazu: In den feuchten Gipsbrei werden Buchstaben eingestempelt, z. B. fertige oder selbstgefertigte Holzbuchstaben. (Wie immer beim Stempeln muß seitenverkehrt gearbeitet werden.)

Weitere Variante: In den feuchten Gipsbrei werden Gegenstände zu einer Buchstabenform eingedrückt, z. B. Kieselsteine oder Rindenstücke.

ABC für viele Sinne

Die gestalteten ABCs, die im fünften Kapitel angeregt wurden, zielen bereits alle auf einen handlungsorientierten Unterricht. Immer sind Kopf und Hand beteiligt, sicherlich oft genug auch das Herz. Nun sollen noch einige ABC-Gestaltungen und Aktionen vorgestellt werden, bei denen noch weitere Sinne beteiligt sind.

Eßbare Buchstaben

In jener Zeit, als es noch regelmäßig die sonntägliche Trias mit Rindfleischsuppe, Hauptgericht und Süßspeise gab, war es für Kinder immer eine besondere Freude, wenn die Mutter statt Sternchen oder Müschelchen Buchstabennudeln in die Suppe gekocht hatte. Die Buchstaben konnte man herausfischen und auf dem Tellerrand zu Wörtern legen, ehe sie nach mehreren Ermahnungen dann doch den Weg der restlichen Suppe nahmen.

Solche Buchstabennudeln gibt es auch heute noch, und sie können auf der Basis von Suppenwürfeln oder körniger Brühe mit gewürfeltem Gemüse zu einer schmackhaften Suppe gekocht werden. Natürlich dürfen beim Essen in der Klasse zunächst die Buchstaben herausgefischt werden.

Schmackhafte Buchstaben kann man auch backen; geeignet ist z. B. Lebkuchenteig, auch Hefeteig, der gut geformt werden kann. Schneller und sicherer ist der Erfolg jedoch gewährleistet mit sogenanntem Spritzgebäck. Dieser Teig wird in eine Spritze gefüllt und durch eine Tülle mit

verschiedenem Querschnitt aufs gefettete Blech gespritzt, wobei dort noch Korrekturmöglichkeiten bestehen.

Die Menge des folgenden Rezepts reicht für ca. 25 Buchstaben. Die Buchstaben können z. B. als „Tischkarte" bei einer Adventfeier dienen oder als Geschenkanhänger an einem Päckchen.

Zutaten:
125 g Butter (oder Margarine)
125 g Zucker
3 Eigelb
250 g Mehl
evtl. 1 Eiweiß
Die Butter schaumig rühren. Abwechselnd Zucker und Eigelb zugeben. Zum Schluß das Mehl. Wenn der Teig zu fest ist, ein Eiweiß zugeben.
Den Teig mit einer Teigspritze auf ein gefettetes Blech spritzen.
Im vorgeheizten Backofen bei 200 Grad etwa 10 Minuten backen. Man kann die Buchstaben mit einer Zitronenglasur oder einer Schokoladenkuvertüre garnieren.

Es gibt auch Ausstechförmchen in Buchstabenform, oder die Kinder schneiden aus einem ausgewalzten Teig die Buchstaben mit dem Messer aus.

Für einen solchen Teig ist folgendes Rezept bestimmt, ebenfalls für etwa 25 Teile).

Zutaten:
200 g Butter (oder Margarine)
125 g Puderzucker
1 Eigelb
300 g Mehl
1 Prise Salz
Zitronenschale (als Pulver, besser von einer halben, ungespritzten Zitrone gerieben)
Margarine mit dem Puderzucker schaumig rühren. Eigelb, Zitronenschale und Salz dazugeben. Das Mehl darunterkneten und den Teig 1 bis 2 Stunden in den Kühlschrank geben.
Teig auf einem bemehlten Tisch etwa 3 mm dick ausrollen und Buchstaben ausschneiden oder -stechen. Auf einem ungefetteten Blech im vorgeheizten Backofen bei 190 Grad etwa 10 Minuten backen.

Tastbuchstaben

Tastbuchstaben gehören seit Jahrzehnten zum Montessori-Arbeitsmaterial. Aber gerade dieses Arbeitsmaterial wird inzwischen auch in vielen

Normalklassen eingesetzt, weil es sich in verschiedener Weise leicht selbst herstellen läßt und der Einsatz vielfältig und sinnfällig ist. Die Kinder „begreifen" einen Buchstaben hinter ihrem Rücken oder mit verbundenen Augen und ertasten sich die Buchstabenform.

Diese Spielform kann auch in Verbindung mit einer Tastkiste durchgeführt werden. Dazu wird ein rundes Loch in die Stirnwand eines Kartons geschnitten (z. B. großer Schuhkarton). Dann klebt man innen ein Tuch vor die Öffnung, damit kein Einblick möglich ist. Schließlich wird die Kiste angemalt oder z. B. mit (gebrauchtem) Geschenkpapier beklebt. In die Kiste werden dann Gegenstände, eben die Buchstaben, gelegt, die ein Partner ertasten soll und schließlich zur Kontrolle herausholt.

Als Tastbuchstaben eignen sich kommerziell gefertigte Buchstaben aus Holz oder Plastik, selbst gesägte oder aus Pappe geschnittene. Besonders geeignet sind aus Sandpapier geschnittene Buchstaben oder Buchstaben, die aus Pappe geschnitten und mit einer Folie aus Samt beklebt wurden.

Wer die Sensibilität der Kinder weiter fördern möchte, kann die Tastübungen auch mit den Füßen durchführen lassen.

Haut-ABC

Neben Händen und Füßen, mit denen aktiv ertastet werden kann, ist die gesamte Haut empfindlich für Berührungen. Hier ergibt sich die Möglich-

keit, daß sich zwei Partner jeweils Buchstaben zum wechselseitigen Erraten auf die Haut schreiben. Dies ist zum einen nicht so einfach zu erraten, weil diese Hautreize nur selten gefordert werden, und vor allem, weil die Schreibbewegung, die man verspürt, im Kopf in eine andere Perspektive gebracht werden muß, um sich die Buchstaben in der Normallage vorzustellen.

Besonders geeignet als Schreibfläche ist natürlich der Rücken, weil die Schreibbewegung hier großzügig ausgeführt und nicht eingesehen werden kann.

Es kann aber auch in die Handfläche geschrieben werden, was teils auch zur Verständigung bei mehrfach Behinderten genutzt wird (Blindheit und Taubheit).

Körperbuchstaben

Es gibt gezeichnete ABCs, bei denen menschliche Körper oder auch Tiere in Buchstabenform dargestellt sind. Auch real können die Kinder allein, besser zu zweit oder zu dritt mit dem ganzen Körper Buchstaben darstellen. Die Kinder finden dabei erstaunliche Lösungen, die auch von anderen erkannt und akzeptiert werden. Die Buchstabenformen können in der Klasse, aber auch im Sportunterricht erprobt und geübt werden (Fotos s. S. 82). Die Figuren können dann einer anderen Klasse vorgestellt werden. Sie sind auch als ABC-Revue bei einem Schulfest als Artistik-Nummer vorführbar, bei der die Buchstaben mit einem musikalischen Hintergrund im raschen Wechsel als ABC-Folge von drei oder vier schwarz gekleideten Kindern vorgeturnt werden.

Eine Variante besteht darin, daß die Kinder auf dem Boden liegend die ABC-Figuren bilden und dann von einer Leiter aus fotografiert werden. Die Fotos werden dann im Schulflur ausgestellt.

Hören und Riechen

Das Riechen ist ein Sinn, der bei vielen Kindern noch wenig differenziert entwickelt ist und dessen sprachlicher Ausdruck sich oft auf die Bezeichnung gut oder schlecht beschränkt. Dieser Sinn wird in der Schule kaum gefördert und gefordert. Eine Förderungsmöglichkeit besteht darin, ein „Riechmuseum" einzurichten, d. h., in schwarze, leere Filmdosen werden Stoffe gelegt, die einen typischen Duft haben. Dabei müssen gesundheitsgefährdende Stoffe vermieden werden, und man muß auch auf eventuelle Allergiker unter den Schülern achten. Nach mehreren Unterscheidungsübungen kann über die Dosen hinaus ein schriftliches Duft-ABC erstellt

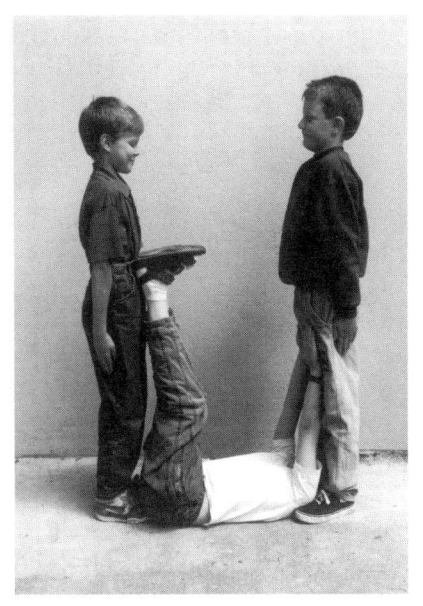

werden, bei dem den einzelnen Buchstaben typisch riechende Gegenstände zugeordnet werden.

In ähnlicher Weise kann man mit einem „Geräusch-Museum" arbeiten. Verschiedenste Geräusche werden auf eine Kassette aufgenommen und erraten. Zur Hilfe kann der Anfangsbuchstabe verraten werden.

Auch hier kann ein schriftliches ABC erstellt werden.

Sowohl mit dem Duft- wie dem Geräusch-ABC können Ratespiele durchgeführt werden. Die Duftdosen werden in eine bestimmte Reihenfolge gebracht, so daß die Anfangsbuchstaben der zu erratenden Duftstoffe ein Lösungswort ergeben. Ebenso können die Geräusche in einer solchen Reihenfolge vorgespielt werden.

Tanzen und Singen

Beim Lernen der Buchstaben kann, wo es sich anbietet, jeweils ein Lied dazu gesungen werden, das zum Buchstaben paßt. Die Kinder haben verschiedene Auffassungs- und Behaltenskanäle und können die einzelnen Buchstaben dadurch leichter identifizieren und erinnern.

Die Buchstaben und ganze Wörter können auch als Schriftzug auf den Boden geschrieben und nachgetanzt werden. Dies kann man auch umgedreht als Ratespiel machen, so daß ein Kind vortanzt, und die

Refrain: Alle Kinder lernen lesen,
Indianer und Chinesen.
Selbst am Nordpol lesen alle Eskimos:
Hallo Kinder – jetzt geht's los!

A, sagt der Affe, wenn er in den Apfel beißt,
E, sagt der Elefant, der Erdbeeren verspeist.
I, sagt der Igel,
wenn er sich im Spiegel sieht,
und wir singen unser Lied:

Alle Kinder lernen schreiben
und die Wörter unterscheiden.
Selbst am Nordpol schreiben alle Eskimos:
Hallo Kinder – jetzt geht's los!

O, sagt am Ostersonntag jeder Osterhas'.
O, sagt der Ochse, der die Ostereier fraß.
U, sagt der Uhu, wenn es dunkel wird im Wald,
und wir singen, daß es schallt:
Alle Kinder lernen lesen, …

Ei, sagt der Eisbär, der in einer Höhle haust.
Au, sagt das Auto, wenn es um die Ecke saust.
Eu, sagt die Eule, heute sind die Mäuse scheu,
und wir singen noch mal neu:
Alle Kinder lernen …

© Wilhelm Topsch, Oldenburg

anderen müssen raten, was getanzt wurde. Für diese Ausdrucksform ist natürlich die Schreibschriftform der Buchstaben am besten geeignet.

Beim Einüben der neuen Buchstaben im ersten Schuljahr können Lieder gelernt werden, die von etwas handeln, was mit einem bestimmten Buchstaben verknüpft wird.

- Für das gesamte ABC geeignet sind z. B. die Lieder:
  Alle Kinder lernen lesen (von W. Topsch zur Melodie „Glory, glory hallelujah"),
  ABC, die Katze lief im Schnee,
  Verwandlungs-ABC, u. a.
- Zu den Vokalen eignen sich:
  AAA, der Winter, der ist da (textlich leicht abzuwandeln),
  Drei Chinesen mit 'ner Ananas (mit dem Kontrabaß).
- Zu den einzelnen Buchstaben eignen sich u. a. folgende Lieder:
  Der **B**i-**B**a-**B**utzemann,
  Dornröschen war ein schönes Kind,
  Kräht der **H**ahn früh am Morgen,
  Ein kleiner Hund mit Namen **F**ips,
  Wenn sich die **I**gel küssen,
  Meister **J**akob,
  Ein Schneider fing 'ne **M**aus,
  Ich bin ein kleines **P**ony … usw.

6. Nichtschriftliche Alphabete

Die folgenden Alphabete sind in spezifischen Situationen und unter besonderen Umständen entstanden, provoziert durch technische Entwicklungen, wie beim Morse-Alphabet, oder als Hilfe beim Ausfall eines Sinnes, wie bei der Blindenschrift. Sie zeigen den menschlichen Drang zur Kommunikation und die Fähigkeit, in schwierigen Situationen außergewöhnliche, hilfreiche Lösungen zu finden.

Morse-Alphabet

Samuel Morse lebte von 1791 bis 1872 in Amerika und war eigentlich Maler. Er hörte von den elektromagnetischen Untersuchungen seiner Zeit und entwarf bei einer Rückreise von Europa ein alphabetisches Zeichensystem aus Strichen und Punkten, das er beim Bau eines Drucktelegraphen als Nachrichtensystem realisierte. Nach der ersten Vorführung 1835 dauerte es keine 15 Jahre, bis Telegraphenlinien den nordamerikanischen Kontinent und auch Europa durchkreuzten. Telegraphieren war damals die schnellste Kommunikationsmöglichkeit und trat erst nach der Erfindung des Telefons langsam in den Hintergrund.

A ._	J .___	S ...
B _...	K _._	T _
C _._.	L ._..	U .._
D _..	M __	V ..._
E .	N _.	W .__
F .._.	O ___	X _.._
G __.	P .__.	Y _.__
H	Q __._	Z __..
I ..	R ._.	

Das Morsealphabet kann mit seiner relativ willkürlichen Zeichenfolge leichter gelernt werden, wenn man sich für die langen und kurzen Signale ein Merkwort mit entsprechend langen und kurzen Silben einprägt. Die Morsezeichen können mit Klopfzeichen auf einer Trommel oder mit Klangstäben weitergegeben werden. Sie sind auch als Blinkzeichen mit Taschenlampen übermittelbar. Im Sachunterricht läßt sich mit Batterien, Glühlampen, Schaltern und entsprechend langen Leitungen eine „Telegraphenleitung" bauen, mit der man von einem Raum in einen anderen morsen kann. Es gibt auch preiswerte Bausätze, bei denen noch ein Lautsprecher eingebaut werden kann.

Blindenschrift

Louis Braille lebte von 1806 bis 1852 in Frankreich. Er war der Erfinder der heute noch international gebräuchlichen Blindenschrift. Er erblindete mit drei Jahren und wurde später in Paris Lehrer von blinden Schülern. Für sie erfand er 1829 eine Punktierschrift, bei der Punktgruppen in festes Papier gestochen, heute gedrückt werden. Die erhabenen Punkte repräsentieren die einzelnen Buchstaben. Die Punkte eines Buchstabens stehen jeweils in unterschiedlicher Anzahl und Position im Raster eines Sechserfeldes.

Die Blindenschrift kann von den Kindern zunächst als Punktsystem geschrieben werden, um die Zeichen etwas kennenzulernen. Sie kann dann mit Glaskopfstecknadeln in Styropor gesteckt und von den Kindern ertastet werden. Bei allem Spaß, den die Kinder dabei haben, sollte ihnen klar sein, daß dieses Lesen für Blinde eine Ernstsituation ist.

In den meisten Städten gibt es einen Blindenverein, zu dem man Kontakt aufnehmmen kann. Lesematerial und Schreibgeräte können dann vorgestellt werden. Über die reine Information hinaus wird sich bei den Kindern mit Sicherheit eine etwas größere Sensibilität gegenüber den Problemen behinderter Menschen entwickeln.

Fingersprache

Auch Taubstumme haben eine Möglichkeit gefunden, sich mitzuteilen und Nachrichten aufzunehmen. Die Taubstummensprache, die sich aus einer synthetisierenden Fingersprache entwickelt hat, ist inzwischen als Finger-, Hand- und Gestensystem so funktionsfähig, daß sie bei entsprechender Beherrschung sogar als Simultanübersetzung zu gesprochener Sprache geeignet ist.

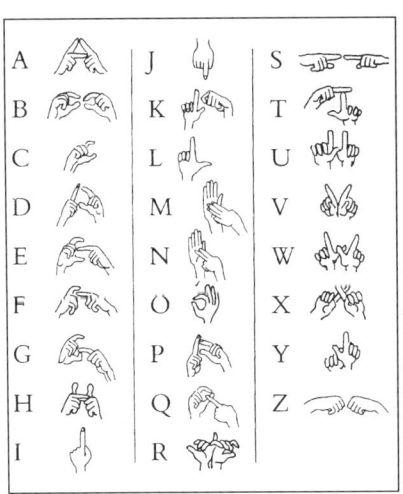

Die meisten Kinder kennen eine Fingersprache, die aber längst nicht so leistungsfähig ist, weil sie Wort für Wort synthetisiert. Sie lernen sie ganz rasch, weil die Fingergesten sehr stark an die jeweilige Buchstabenform erinnern. Für die Kinder hat diese Fingersprache ein wenig den Charakter der Geheimsprache, und wenn sie sie beherrschen, wenden sie sie auch gerne als lautlose Signale im Unterricht an.

Fahnen-ABC

In der Schiffahrt gibt es seit Jahrhunderten optische Signale, meist in Form von Flaggen, weil Sprache und andere akustische Signale bei Wind und Wellen gar nicht oder nicht sicher übermittelt werden können. So gibt es einen Schiffstelegraphen, der mit Scheinwerfern Morsesignale sendet. Es gibt Signalflaggen, die für sich eine Bedeutung haben, z. B. „Quarantäne" oder „Mann über Bord", die aber auch für einen Buchstaben stehen.

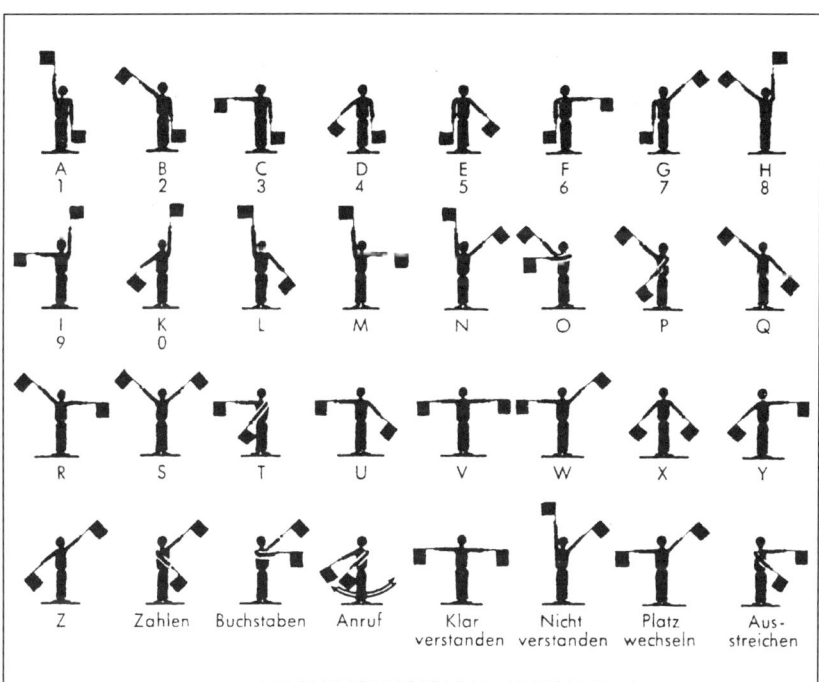

Ferner gibt es auch ein internationales Fahnen-ABC, bei dem der Signal-Maat mit zwei Fahnen Botschaften übermitteln kann, wenn eine andere Verständigung nicht möglich ist. Je nach Haltung der Fahnen ändert sich der Sinn. Dieses Fahnen-ABC sieht zunächst schwierig aus, ist aber leicht zu lernen, weil es sehr logisch aufgebaut ist und die unterschiedliche Fahnenstellung sich von Buchstabe zu Buchstabe im Uhrzeigersinn ändert. Die Kinder können dieses Fahnen-ABC mit einfachen Reklame-Fähnchen üben und z. B. auf dem Schulhof oder Sportplatz ausprobieren, indem Kinder herbeigerufen werden oder ähnliches.

7. Literatur

Zu Kapitel 1:

Interessante Informationen zur Entwicklung der Schrift und der Alphabete, die meist auch noch gut zu lesen sind, finden sich in folgenden Werken:

CLAIBORNE, ROBERT: Die Erfindung der Schrift. Time – Life International, 1975
FAULMANN, CARL: Schriftzeichen und Alphabete aller Zeiten und Völker. Augustus, Augsburg 1990 (Reprint von 1880, Wien)
FÖLDES-POPP, KAROLY: Vom Felsbild zum Alphabet. Belser, Stuttgart 1984
HAARMANN, HARALD: Universalgeschichte der Schrift. Campus, Frankfurt/New York, 1990
HUBER, JÖRG PETER: Griffel, Feder, Bildschirmstift. AT Verlag, Aarau, 1985
JEAN, GEORGES: Die Geschichte der Schrift. Otto Maier, Ravensburg, 1991
KUCKENBERG, Martin: Die Entstehung von Sprache und Schrift. DuMont, Köln, 1989

Zu Kapitel 2:

Die Informationen zur Geschichte der frühen Lesemethoden beziehen sich teils auf folgende Werke:

GÖBELBECKER, L. F.: Entwicklungsgeschichte des ersten Leseunterrichts. Nemnich, Kempten/Leipzig, 1933
MAUS, UTZ: Schrift und Schreiben. In: Hand-Schrift, Schreib-Werke. Museumsdorf Cloppenburg, 1991
PÖHLMANN, J. P.: Versuch einer practischen Anweisung für Schullehrer, Hofmeister und Aeltern, welche ihren Zöglingen und Kindern auf eine leichte, angenehme Weise und in kurzer Zeit zur Buchstabenkenntniß zur Fertigkeit im Buchstabiren und Lesen verhelfen und zugleich ihren Verstand bilden wollen. Palm, Erlangen, 1801

Unterrichtspraktische, didaktische und methodische Hinweise finden sich bei:

BRINKMANN, ERIKA/BRÜGELMANN, HANS: Ideenkiste. vpm, Hamburg 1993
BRÜGELMANN, HANS: Die Schrift entdecken. Faude, Konstanz, 1984
HEIGERT, KARIN: Buchstabenfest in der 1. Klasse. Grundschule, 11/1989

Zu Kapitel 3 und 4:

Anregungen zu Sprachspielereien finden sich in:

BRANDRETH, GYLES: Geheimsachen. Lesen und Freizeit. Otto Maier, Ravensburg, 1984 (hier besonders: Geheimschriften)
DOMENEGO, HANS u. a.: Das Sprachbastelbuch. Jugend und Volk, Wien/München, 1975
HANNEFORTH, DIRK: ABC, die Katze lief im ... Rowohlt Taschenbuch-Verlag, Reinbek, 1987
KASPER, JOSEF: ABC Wortspiele. Kaleidoskop, Köln
OKER, EUGEN: Wortspielereien. Otto Maier, Ravensburg, 1984
RAETHER, ANNETTE und ULRIKE: Schreibspiele. Dudenverlag, Mannheim/Wien/Zürich, 1988
STANITZKI, KÄTHE: Welcher Mops kann nicht bellen? Otto Maier, Ravensburg, 1979 (hier besonders: Scherzfragen)
VOHLAND, ULRICH: Kinderspiele mit Buchstaben und Wörtern. Falken, Niedernhausen, 1989

Zu Kapitel 5 und 6:

FÖLLING-ALBERS, MARIA: Das ABC be-greifen und gestalten. Kartenhaus Kollektiv, Regensburg 1989
GRIMM, HELGA: ABC mit allen Sinnen. AOL Verlag, Lichtenau, 1993
KRICHBAUM, GABRIELE u. a.: Schrift gestalten – Gestalten mit Schrift. Arbeitskreis Grundschule, Frankfurt, 1987
SCHERMEIER, DAGMAR: Das ABC für alle Sinne. Pädagogik Kooperative Bremen, Bremen, 1992

Fitmacher für Ihren Unterricht

Lehrer-Bücherei: Grundschule

Die Reihe bietet Anregungen und Praxishilfen, die sich bereits bewährt haben. Alle Bände behandeln Alltagsprobleme in der Grundschule. Hier eine Auswahl - über unser komplettes Programm informieren wir Sie auf Wunsch gern.

Die Herausgeber:
Horst Bartnitzky und Reinhold Christiani.

Horst Bartnitzky/
Reinhold Christiani (Hrsg.)
Die Fundgrube für jeden Tag
Das Nachschlagewerk für junge Lehrerinnen und Lehrer
1995. Ca. 352 Seiten mit Abbildungen
Bestell-Nr. 50349

Jamie Walker
Gewaltfreier Umgang mit Konflikten in der Grundschule
Grundlagen und didaktisches Konzept - Spiele und Übungen für die Klassen 1-4
1995. 120 Seiten mit Abbildungen
Bestell-Nr. 50365

Hans-Dieter Bunk
ABC-Projekte
Mit allen Sinnen - In allen Fächern - Beispiele für die Klassen 1 bis 4
1995. Ca. 96 Seiten mit Abbildungen
Bestell-Nr. 50357

Wilfried Metze
Differenzierung im Erstleseunterricht
Bedingungen für erfolgreiches Lesenlernen - Diagnose und Förderung - Ideen, Aufgaben, Spiele, Lernmittel
1995. 136 Seiten mit Abbildungen
Bestell-Nr. 50322

Ulrike Potthoff/Angelika Steck-Lüschow/ Elke Zitzke
Gespräche mit Kindern
Gesprächssituationen - Methoden - Übungen, Kniffe, Ideen
1995. 112 Seiten mit Abbildungen und 13 Kopiervorlagen
Bestell-Nr. 50373

Reinhold Christiani (Hrsg.)
Auch die leistungsstarken Kinder fördern
Grundlegung und Ideensammlung - Kreatives Lesen, Schreiben, Rechnen - Erkunden, Entdecken, Forschen
1994. 160 Seiten mit Abbildungen
Bestell-Nr. 50330

Hermann Schwarz
Lebens- und Lernort Grundschule
Prinzipien und Formen der Grundschularbeit - Praxisbeispiele - Weiterentwicklungen
1994. 152 Seiten
Bestell-Nr. 50306

Cornelsen Verlag
Scriptor

Vertrieb: Cornelsen Verlag,
Postfach 330 109, 14171 Berlin

Neue Ideen für Ihren Unterricht

Lehrer-Bücherei: Grundschule

Die Reihe bietet Anregungen und Praxishilfen, die sich bereits bewährt haben. Alle Bände behandeln Alltagsprobleme der Grundschule. Hier eine Auswahl - über unser komplettes Programm informieren wir Sie auf Wunsch gern.

Die Herausgeber: Horst Bartnitzky und Reinhold Christiani

Hans Bebermeier
Begegnung mit Englisch
Beispiele für die Klassen 1 bis 4
Gründe - Ziele - Wege;
Materialien - Medien - Literatur
1992. 128 Seiten mit Abbildungen
Bestell.-Nr. 50284

Bernhard Thurn
Mit Kindern szenisch spielen
Entwicklung von Spielfähigkeiten; Pantomimen, Stegreif- und Textspiele; Von der Idee zur Aufführung
1992. 136 Seiten mit Abbildungen
Bestell.-Nr. 50250

Erika Altenburg
Wege zum selbständigen Lesen
Zehn Methoden
der Texterschließung
2. Auflage 1993. 80 Seiten
Bestell.-Nr. 50225

Norbert Sommer-Stumpenhorst
**Lese- und Rechtschreibschwierigkeiten:
vorbeugen und überwinden**
Von der Legasthenie zur LRS;
LRS-Diagnose; Förderkonzepte
und Übungsmaterialien.
3. Auflage 1993. 144 Seiten
Bestell.-Nr. 50209

Horst Bartnitzky (Hrsg.)
Umgang mit Zensuren in allen Fächern
3. Auflage 1992. 152 Seiten
mit Abbildungen
Bestell.-Nr. 50179

Hans-Dieter Bunk
**Zehn Projekte zum
Sachunterricht**
Projektbegriff; Fallbeispiele;
Ideen und Anregungen
3. Auflage 1992. 128 Seiten
mit Abbildungen
Bestell.-Nr. 50136

Gudrun Spitta
**Kinder schreiben
eigene Texte:
Klasse 1 und 2**
Lesen und Schreiben im Zusammenhang; Spontanes Schreiben; Schreibprojekte
6. Auflage 1994. 80 Seiten mit Abbildungen
Bestell.-Nr. 50098

Gudrun Spitta
**Schreibkonferenzen
in Klasse 3 und 4**
Ein Weg vom spontanen Schreiben zum bewußten Verfassen von Texten
2. Auflage 1993. 96 Seiten
Bestell.-Nr. 50268

**Cornelsen Verlag
Scriptor**

Vertrieb: Cornelsen Verlag,
Postfach 330 109, 14171 Berlin